Dressa opp for seier

Forfatter Tom Arild Fjeld

ISBN 978-82-93410-40-9

Dressa opp for seier

Dressa opp for seier

Forfatter: Tom Arild Fjeld

Utgave: 1- utgave 2016
ISBN 978-82-93410-40-9
Tro og visjon forlag
Layout: Frank Håvik
Tekst: Times New Roman 14
Overskrifter: Lucida Handwriting 20

Hos Tom Arild Fjeld,
mail: tomarildfjeld@gmail.com

Dressa opp for seier

Forord

Denne boken har jeg skrevet i en serie om den åndelige verden. I denne boken tar jeg for meg det som skal til for at du skal bli "dressa opp" til seier. Det som her er viktig, er **avkledningen** før **påkledningen.** Jeg tar også med en del om evnen til å prøve ånder. Denne evnen står riktig nok innimellom nådegavene. Kanskje er det en nådegave, eller er det en evne? Jeg velger å forholde meg til det siste. Det tror jeg du vil forstå når du kommer så langt i boken. Denne boken er ment til å oppmuntre, inspirere, veilede, gi lys over, korrigere - forberede deg for en kraftfull oppgave i Guds rike. Du er den Herren vil bruke.

Alle mann på dekk

Ja, vi må det. Jesus kommer snart igjen. Gud har bruk for deg, og du er brukbar. Herren vil bare ha et ord med i laget og gjøre Sine justeringer på deg. Da blir du finjustert for siste innsats før Hans komme. Jeg bruker ordene Satan og djevel litt om hverandre, men det har ingen betydning. Jeg forklarer hva ordene betyr her, så har du det også klart:

Satan betyr motstander og anklager.
Djevel (diabolos) betyr bakvasker, baktaler. Jeg bruker navnene om hverandre, uten å legge spesiell vekt på hvilket jeg bruker når. Det er den samme personligheten og virkeligheten det dreier seg om.

Teologi - åpenbaring

Man kan studere Bibelen som et fag, som teologi.

Sansekunnskap

Det som da skjer i din studie, er at du tilegner deg **informasjon** på et område. Du innhenter kunnskap som blir mottatt inn gjennom dine sanser, videre til din hjerne. Du blir en kunnskapsrik person.

Åpenbaringskunnskap

Jeg ønsker i denne boken å lede deg inn i åpenbaringskunnskap. Det jeg har mottatt fra Herren, ønsker jeg å gi videre til deg. En kunnskap som kommer fra mitt indre menneske til min hjerne, videre ut igjennom mine sanser og ut på papir til deg. Altså en kunnskap som går motsatt vei av sansekunnskap.

Undervisning - karakterdannelse
Jeg ønsker ikke å gi deg en teoretisk informasjon om Bibelens budskap, men et åpenbart budskap. Du må ta tak i det, og tillate det å danne din karakter.

Psykologi - prøve ånder
Ikke en kunnskapsrik informasjon, men et åndelig budskap.Guds plan med oss er at vi skal vokse opp. Den Hellige Ånds plan med oss, er også at vi skal vokse opp. Alt vi lærer som skaper mer Kristus i oss, er enda et skritt mot åndelig modenhet.

Tom Arild Fjeld

Dressa opp for seier

Innhold:

Dressa opp for seier

1 Kapittel

Et eldgammelt uhyre, svikefull fiende
Satan vil starte fra dag en i ditt kristne liv: Å gjøre det han kan for å hindre deg i å komme inn i Guds plan med ditt liv. Styrken til de fleste kristne ligger først og fremst i deres idealisme og uprøvde entusiasme. Det tar ikke så lang tid, vanligvis fem til ti år i tjenesten - og det meste av iveren er borte. Selve tjenesten er nesten umerkelig forringet fra et høyt kall - til en jobb.

Hva skjedde?
Det som skjedde, var at **iveren alene** utfordret helvetes svik og forræderi - og tapte. Tydeligheten i den ungdommelige visjonen ble visket bort, under de mørke skyer av ubarmhjertige, sataniske angrep. Likevel var den usynlige fienden ikke (alltid) synd, men **uvitenhet.** Satan ble satt av oss i en læremessig ramme, og vi ventet at han skulle holde seg der. Hvilket han da ikke gjorde. Han undergravde forhold, og vår kjærlighet til forholdene. Han sto oss imot i våre bønner, og vår tro ble svak. Vi ble desillusjonert. Det jeg har gjenkjent hos

kristne, mange kristne, er at de **ikke har klart å avsløre fiendens angrep.** De sto der **ubeskyttet** mot den eldgamle svikefulle fienden. Vi kan lese hvordan Jesus forberedte Sine disipler på alt, inkludert krig. De så Jesus kaste ut demoner. Faktisk så sendte Han disiplene ut for å gjøre det samme!

Vis, uskyldig og harmløs

Men før Han sendte dem av sted for å gjøre det, befalte Han dem å bli ”vise som slanger”. Samtidig skulle de være ”uskyldige og harmløse som duer”. (Matt 10,16) Denne sammenblandingen av **Guds visdom og Kristi uskyld** er opphavet til **all åndelig seier.** Vi kan i sannhet overvinne fienden.

2 Kapittel

Visdom må gå foran, å lede krigshandlinger
Jeg ønsker at denne boken får bidra med å oppøve deg i visdom og kalle deg til uskyld. Vi vil ikke se ned på det vi allerede har lært - vi vil fremdeles leve **ved** og **i** tro. Men **vi må lære å gå Guds veier,** det vil si **vi må lære å tenke med visdom.** Vi har kanskje mang en gang prøvd å bruke troen vår på ting Herren **ikke** hadde ment den skulle brukes på.

Vi burde først ha søkt Gud om visdom og kunnskap før vi aktiverte vår tro. Det er nemlig mangelen på denne kunnskap som har gjort oss så sårbare for Satans angrep. Vi må øves, trenes, drilles til kamp, ellers vil vi ikke lykkes.

Dressa opp for seier

3 Kapittel

Det finnes ingen snarvei til lykke i kampen

Det er en annen ting jeg også har på hjertet til deg. Det er som overskriften på dette kapittel sier, og som er i min tanke hver en dag: Det finnes **ingen snarvei** til lykke i kampen. Det eneste det er nok av er omveier - som gjør kampen lenger og mer farefull. Dette skjer lett ved at vi går inn i striden blindet av forutinntatte meninger. Skal krigen føres **effektivt**, må **forsiktighet** betraktes som en uomgjengelig nødvendighet for seier.

Uansett hvilket høytflygende, åndelig fly du tror du er på, så husk at Adam var i Paradiset da han falt!

Før du lar din voksende kunnskap og religiøse erfaringer gjøre deg altfor selvsikker, så tenk på at Salomo skrev 3 av Bibelens bøker. Han så til og med Guds herlighet. Likevel falt han. Ja, selv i din dypeste tilbedelse av den Allmektige, må du ikke glemme at for lenge, lenge siden var Lucifer (Satan selv) i Himmelen og priste Gud. Gå ikke ut fra at du aldri kan komme i situasjoner jeg her har nevnt. Fienden har bedratt mennesker i tusenvis av år. Våre erfaringer strekker seg kun over et lite øyeblikk av historiens løp. Det er visdom å erkjenne at vi ikke vet alt som er å vite om åndelig krigføring.

4 Kapittel

Vær frimodig, men aldri frekk eller arrogant i ditt bønneliv

Vær en administrator av din åndelige autoritet, og medfølende - men aldri overmodig. Skarer er velmenende, men uvitende kristne, har nærmet seg fienden med respektløse holdninger. Og de har måttet lide for det. Fyll deg med Bibelens Ord. Søk det du trenger av kunnskap fra andre, som lever i det samme kall fra Herren som du selv har.

Som nyfrelst opplevde jeg at Herrens kall kom raskt på mitt liv, og jeg satte øyeblikkelig i gang. Etter hvert søkte jeg kontakt med dem som hadde stått i det samme kall i mange år. Morris Cerullo og T.L. Osborn var de jeg kontaktet. Dette var på 70-tallet. Jeg var med på kampanjer rundt om i verden, og sugde til meg lærdom. Jeg leste deres bøker, som også var helt i tråd med det jeg hadde i mitt hjerte. Allerede før jeg fikk den gode kontakten med disse brødre, hadde jeg bedt for mange syke, kastet ut demoner og hatt kampanjer i utlandet (i Afrika og Asia).

Du må starte der du er.
Få dine personlige erfaringer. Ta kontakt med dem som har samme tjeneste. Bli godt kjent i Bibelen, og finn litteratur som går i samme retning som tjenesten. Herren vil igjennom dette lede deg inn i rett energi og rett strategi.

"Når man rådslår lykkes planene, søk veiledning også når du fører krig."
(Ord 20,18)

Hjulet er oppfunnet
Du behøver ikke finne opp hjulet en gang til, når det allerede er tilgjengelig. Alt det du tilegner deg igjennom andre og andres litteratur, må du sakte men sikkert bygge dine egne personlige erfaringer på. Det er dette som er den viktige jobben.

Åpenbaringens hemmelighet
Det er kun det som blir dine egne personlige dyrekjøpte erfaringer, som vil gi deg dine egne personlige åpenbaringer - som igjen gir deg autoritet på de områder du har åpenbaring.

Dette er veien å gå - og prisen å betale
Det har du vel allerede begynt å forstå noe av. Du må være rede til å godta en måte å leve på, som Herren leder deg inn i. Her holder det ikke bare med undervisning om krigføring. Du kan ikke angripe Satan og demonenes festningsverker den ene dagen, mens dagen etter har du ikke lyst til å kjempe. Hvis du utfordrer Satan til kamp, vil han automatisk med styrke gå imot deg. Du må leve forberedt, du må leve klar til kamp. Du må være en Kristi kriger for alltid.

Få på den skreddersydde dressen for oppgaven
Jeg ønsker her å hjelpe deg til å få på den rette skreddersydde dressen for oppgaven. Jobben må gjøres i:

1 Tankelivet

2 Fellesskapet

3 Himmelrommet

Det er flere slagmarker, men det er på disse områdene de fleste av oss vil møte kampene. Hør på disse fantastisk Guds Ord: Det var en liten by med få folk. Til den kom det en stor konge og kringsatte den og bygget store voller mot den. Men det fantes i byen **en fattig vis mann**, og **han berget byen ved sin visdom.**
Mulighetene er uante for oss, hvis vi er villige til å gå veien og betale prisen.
(Fork 9, 14.15)

5 Kapittel

Visdom er bedre enn styrke
Forkynneren 9,16.18 sier: "Visdom er bedre enn styrke. Visdom er bedre enn krigsvåpen."

Kunnskap er kjødelig Kunnskap tilegner vi oss igjennom **studier.** Man kan høre noen si om et menneske med stor kunnskap: Den personen er en "vis" person. Det er feil, personen er kunnskapsrik. Personen er i stand til "**å gjøre ting**".

Visdom er åndelig
Visdom tilegnes gjennom **Guds åpenbaring.** Guds åpenbaring kan mottas på forskjellige måter. Den som har visdom "**gjør ting på rett måte**". Ser du det jeg vil frem til, som en forskjell på disse to sannheter?

1 Bibelstudium
Gjennom ditt studium av Bibelen, kan Den Hellige Ånd gi deg åpenbaring over en del ting. Det kan gi deg en klar forståelse. "Min sønn! Akt på **Mine Ord,** bøy ditt øre til Min tale! La dem ikke vike fra dine

øyne, bevar dem dypt i ditt hjerte! For de er **liv** for hver dem som finner dem, og **legedom** for hele hans legeme. Bevar ditt **hjerte** fremfor alt det som bevares, for **livet utgår fra det**". (Ord 4, 20-23)

Dette kaller jeg for den grunnleggende del av å motta åpenbaringskunnskap.

2 Din kjennskap til Bibelen - gir en type "lett" åpenbaring

Ved god kjennskap til Bibelen, vil du oppleve at skriftsteder åpenbarer seg for deg. De vil igjen la deg få forståelse/åpenbaring av andre skriftsteder. Dette er en åpenbarings-kanal som kommer når kunnskapen øker i Bibelen.

3 Din frimodige utøvelse på Bibelens løfter, Guds Ord i tro

Tro er handling på det skrevne Guds Ord, når det på forhånd har blitt virkelig (blitt åpenbart) for deg. Du tør ikke, våger ikke utøve noe Guds Ord i handling, som du ikke **vet** er sant.

Arrogansens artister
Vel, det er noen som er ”dumme” - ja, rett ut arrogante og stolte. Som ”later som” de har det. De ”liksom” har det. De setter sin kjødelige stolthet før ydmykhet og erkjennelse fremfor Herren. Det er **dem som tror de tror det.** Det er de som ikke er villige til å betale prisen for **livet med Gud**, i alle sine fasetter, med **sitt liv**. (Mer lys over dette i kapittel 12)

Handler du på Guds Ord - og tror det vil det gi deg en opplevelse og åpenbaringskunnskap, nettopp fordi du **utøver** det skrevne Guds Ords løfter. Når du opplever, at ved å **tro og handle** på det skrevne Guds Ords løfter - at svaret på løftet blir manifestert der og da - opplever du en **praktisk åpenbaring** av det skrevne Guds Ord. Du ser det, du forstår det. Du vet det, du tror det. Tvil er ikke temaet. Nå er du ved begynnelsen til det å bygge ditt sterke åndelige liv.

4 Krigeråpenbaringen
Det jeg nå skriver, kaller jeg for ”krigeråpenbaringen”. Det er rett og slett å ta Guds Ord som det står skrevet. Ta det videre i ydmykhet, med et overgitt liv til

Herren. **Du handler på det - og forventer resultater.** Dette gjør du selv om du aldri tidligere har opplevd noe resultat. Ved denne handlingsmåte vil du oppleve masse nederlag - og en del **seire** innimellom. Selvfølgelig **kun** hvis du **ikke gir opp i første runde.** Gir du ikke opp, så vil dette være veien som gjør deg sterk i troen! Samtidig som du går i en hard helliggjørelses-prosess med livet ditt. Nå er det Herren som bestemmer, ikke du. Han vil veilede deg til å bli slik Han vil du skal være. Gud ønsker at Hans Ord skal bære frukter i ditt liv.
I denne prosessen må kjødet dø, og Herrens Ånd bli det ledende. Dette er den eneste muligheten for et liv i seier.

"Paulus sa: For vi vet om legemets jordiske hus nedbrytes, så har vi en bygning av Gud, et hus som ikke er gjort med hender, evig i himlene. For vi som er i denne hytte, sukker under byrden, fordi vi ikke vil avkledes, men over kledes, for at det dødelige kan bli oppslukt av livet. For vi vandrer i tro, ikke i beskuelse." 2 Kor 5,1,4,7

Paulus hadde sett dette og han levde i det. Som du og jeg også kan.

Hør videre hva Paulus sa:

" Så som vi ikke har det synlige for øyet, men det usynlige, for det synlige er timelig, men det usynlige er evig."
(2 Kor 4,18)

Lever du ut dette som jeg har kalt" krigeråpenbaringen", blir din tro klippefast og urokkelig. Du parerer til alle kanter og sier:

" Jeg vet på **Hvem** jeg tror." (2 Tim 1,12)

Du vinner i Jesu navn.

Dressa opp for seier

6 Kapittel

Sinnets slagmark

Stedet Jesus ble korsfestet ble kalt Golgata, som betyr "hodeskalle-stedet". Skal vår åndelige krigføring være effektiv, er nettopp "sinnets slagmark" (hodeskalle-stedet), **område nr.1 hvor vi må lære å kjempe.** Det ikke-korsfestede tankelivet er absolutt brohodet for Satans angrep på våre liv. For å kunne beseire Satan, må vi være korsfestet på hodeskalle-stedet. Vi må bli fornyet i vårt sinns ånd!

Dressa opp for seier

7 Kapittel

Når vi går for Herren - er dreieskiven i gang

Jeg vil ta med en episode fra en av mine reiser til Afrika. På dette tidspunkt hadde jeg vært en kristen i 6 år. Denne historien viser hvordan Herren arbeider med våre liv, for å få oss slik Han vil. Herren får ikke begynt arbeidet på oss, før vi begynner å gå for Ham, ut i Hans tjeneste. Dette gjelder absolutt alle kristne. Så lenge du er passiv, går på et møte i uken, noe i den stilen - da får ikke Herren begynt Sitt arbeide på deg. Du **må** ut i arbeide for Herren! Du forsøker med alle mulige unnskyldninger. Du sier du ikke har noen ting å komme med. Det er helt riktig, du har ikke noe å komme med! **Herren** vil komme med Sitt - gjennom deg! **Han har mer enn nok å komme med - gjennom ditt liv, uansett hvem du er.**

Husk: Det er i sinnet ditt seirene tapes og vinnes

Vil du vinne, så vinner du. Vil du tape, så taper du. Alt står og faller i sinnet.
Jeg gikk ut i Herrens tjeneste rett etter jeg ble frelst. Dette igjen betydde at Herren fikk

muligheten til å begynne **Sitt** arbeid på mitt liv med en gang. Han ville forme meg slik Han ville ha meg. Du blir ikke slik Herren vil ha deg bare ved å gå på kristne møter, bli eldstebror, ta oppgaver i menigheten, gi tiende, gå på bibelskoler, gå på konferanser eller jobbe med nødhjelp. Alt kan rettferdiggjøres av den som ikke vil. Dette er **oppgaver,** men ikke **tjenesten** som bygger deg. Herren vil du skal vokse i det åndelige og avlegge av det kjødelige, negative menneskelige som henger ved deg.

På Herrens dreieskive - igjen

Episoden jeg nå skal fortelle deg fra Afrika, var ikke min første runde på Herrens dreieskive. Jeg var og er på dreiskiven hver gang jeg tar en ny utfordring fra Bibelen - og går ut med evangeliet. Jeg vil alltid være på Herrens dreieskive, når jeg adlyder Hans befaling og går ut med evangeliet, til de siste unådde områder av verden. Jeg liker meg på dreieskiven, for da vet jeg Herren går fremover i mitt liv.

Der - i alle utfordringene vi møter, går Herrens dreieskive jevnt og trutt.

Der er en ting som står tilbake for oss alle å være: Det er å være **lydige** imot Herren **i ett**

og alt. Bibelen sier det så klart: "Jesus sa til dem: Gå ut i all verden og forkynn evangeliet for all skapningen... **Og disse tegn skal følge dem som tror**: I Mitt navn skal de drive ut onde ånder. De skal tale med tunger, de skal ta slanger i hendene, om de drikker noe giftig skal det ikke skade dem, på syke skal de legge sine hender, og de skal bli helbredet". (Mark 16, 15-18)

Dette var den ene av de to befalingene Jesus ga oss. Den andre var:

"Jesus sa til ham: Du skal **elske Herren** din Gud av **hele ditt hjerte** og av **all** din sjel og av all din hu". Dette er det største og første bud. Men det er et annet som er likeså stort: "Du skal **elske din neste** som **deg selv**." (Matt 22,37-40)
På disse to bud hviler hele loven og profetene.

Disse tegn skal følge (etter) dem som tror. (Mark 16,17)
Her er vi ved en kjerne i saken. Den Hellige Ånds kraft, til all seier Jesus vant, **følger** dem som tror. Den går ikke foran! **Adlyder du ikke misjonsbefalingen og beveger deg ut i det åndelige miljøet, vil Herren aldri**

få muligheten til å arbeide og utvikle ditt liv. Dette er de klare sannheter. "Kirke-kristne" er ikke Herrens vei. **Adlydende kristne -** av Hans befaling - er den eneste vei.

"Elsk din neste som deg selv"
Dette er en utfordring for oss alle. Men vi må begynne å gå så Herren kan få arbeidet på oss. **Elsker** du **deg selv?** Ja, her er den første store utfordringen. Etter som du går, vil Herren forandre deg. Hvis du vil. Han gjør det litt etter litt. År etter år. Det er bare å sette i gang **å adlyde Gud og ikke mennesker.**

8 Kapittel

"Sudan-undret" Oppstarten i 1979

Jeg satt hjemme i Sarpsborg, og hadde fått jobbet inn de pengene jeg trengte for turen til Afrika. Siden jeg ville ha med meg en kristen bror, hadde jeg arbeidet inn penger til ham også. Han skulle kjøpe billettene, så jeg ga ham pengene. Vi skulle treffes dagen etter. Jeg skulle få mine billetter og forsikringen. Dagen etter fikk jeg ikke tak i broderen. Tiden gikk og vi skulle snart reise. Da fikk jeg høre at han hadde tatt (stjålet!) alle pengene og flyttet et annet sted! Så der sto jeg helt blakk. Nå var gode råd dyre. De ventet på meg i Afrika. Jeg fikk lånt pengene jeg trengte og kjøpt nye billetter, og pakket en liten sportsveske i nylon med det mest nødvendige i. Man trenger ikke så mye klær i varmen. Men jeg hadde med meg en stor forsterker og to høyttaler-horn jeg hadde kjøpt nye. Da jeg ankom Kenyatta flyplass i Nairobi (Kenya) - tok tollerne høyttaler-utstyret mitt - og jeg har ikke sett noe til det siden. De utøvet sin makt. Og jeg måtte bare adlyde.

På Kenyatta flyplass i Nairobi
Jeg hadde billett på fly til Juba (Sudan) med Sudan Airways. Flyet skulle allerede ha gått, men det hadde ennå ikke ankommet. Så det ble å vente. Forsinkelsen ble på mer enn 2 timer. Da vi endelig kom i luften og var på vei (forhåpentlig vis), sa kapteinen: «Velkommen om bord i dette flyet, bestemt for Juba … om Allah vil». Her var gode råd dyre, tenkte jeg. Her må det bes til Gud. Jeg ba en liten stund om seier i det som skulle skje i Sudan.

Borgerkrig hadde startet
Da vi nærmet oss innflygningen til Juba, ble det opplyst at bare den ene rullebanen kunne landes på. Den andre var skadd av bombe og hadde fått et stort hull. Det var startet opp borgerkrig i Sudan. Dette ante jeg ingenting om, og trodde selvfølgelig det var fred i landet jeg kom til.

Evangelist Benjamin Thera sto klar
Etter at vi omsider hadde landet på bakken og kommet ut av flyet, var det å gå til hovedbygget på flyplassen. Der sto evangelist Benjamin og ventet på meg. Det var mitt første møte med ham. Han kjente min misjonærvenn Jan Ernst Gabrielsen.

Han hadde vært en tur i Sudan tidligere og opprettet en stiftelse for en religiøs organisasjon. Men nå kom jeg for å ha møter.

«Her kan det ikke bli noen møter - borgerkrigen har startet opp».
Det sa Benjamin til meg ved ankomsten. Jeg hadde ikke reist denne lange veien for ingenting. Jeg sa til Benjamin at «møter skal vi ha, nå begynner vi å faste og be, Gud skal åpne dørene!»

Dørene går opp på mirakuløst vis når man går i tro:
Først fikk vi låne et muslimsk kultursenter til møtene. Det var åpent ut på hele den ene siden, og var bygget som et stort amfi. Amfiet kunne nok romme 1000 mennesker. Så fikk vi låne en bil med høyttaler på taket. Noen skulle kjøre rundt og avertere de 3 dager med møter vi skulle ha. Radiostasjonen i byen averterte møtene for oss!

Nå var jeg klar til å forkynne evangeliet om Jesus

Dagen etter ankom jeg til møtet på motorsykkel - med Bibelen under armen. Jeg var veldig spent på om det var noen mennesker der i det hele tatt. Til min store overraskelse hadde noen hundre muslimer funnet veien! Da var det bare å klemme i vei med prekingen. Jeg forkynte syndens inntreden i verden, virkningene i tiden etter og forsoningen i Kristus Jesus. Så var tiden inne for bønn for de syke, før frelses-invitasjonen. Jeg ba en troens frimodige bønn til helbredelse. Etter bønnen ba jeg de som var blitt helbredet om å komme frem og fortelle hva Jesus hadde gjort for dem.

Sannhetens øyeblikk

Det var helt blikk stille i hele hallen. Ikke en lyd. Du kunne nærmeste høre de slipte kniver for angrep. Muslimene satt og stirret på meg. Ingen kom frem …
Jeg gjentok invitasjonen til å komme ned og fortelle hva Jesus hadde helbredet dem fra, etter min enkle bønn. Det var like stille, ingen kom frem …
Jeg gjentok for tredje gang invitasjonen. Etter nok en lang stillhet, kom en kvinne frem. Hun fortalte at hun hadde hatt sterk

migrene i alle år. Også da hun kom til møtet. Da jeg ga den tredje invitasjonen til å komme frem og fortelle, forsvant migrenen som dugg for sola, fortalte kvinnen. Nå kunne jeg senke skuldrene og løfte hodet. **Seieren hadde vært der hele tiden, men ikke i det synlige - før nå!**

"Jetfly" med frykt - ånds kamp
I prosessen med helbredelse og mine 3 gjentagelser, hadde jeg det som er den eneste reelle åndskamp: Nemlig å **akseptere Kristi seier i det skrevne Guds Ord,** Bibelen, **eller** å akseptere det frykten vil jeg skal akseptere, **omstendighetens fysiske bevis.** "Jetflyet" med fryktplakat på spissen, kom imot meg med overlyds hastighet. Idet det skulle treffe meg, dukket jeg - og den fløy over. Frykten ble ikke akseptert. **Guds skrevne Ord ble akseptert som den eneste virkelighet.** Da kom det også til uttrykk i det fysiske! Da kom flere og fortalte at de var helbredet fra sykdommer. Etter vitnesbyrdene, ble det invitasjon til frelse. Mennesker strømmet frem for å gi sine liv til Jesus. Slik fortsatte det de 3 dagene jeg hadde møtene. Jesu seier var kommet til Sudan!

Flyturen fra provinshovedstaden Juba, Sudan

Jeg hadde fått forbud mot å forlate landet siden borgerkrigen hadde startet i Sudan (1979). Men jeg kunne ikke bli der, så jeg måtte komme meg av sted på en eller annen måte. Da jeg akkurat var ferdig med det siste møtet i Juba, hadde Benjamins venner fått kontakt med postflygeren. Han fløy post for forskjellige organisasjoner i Øst-Afrika. Han kom flygende inn tidlig på morgenen og sa han kunne fly meg til Nairobi (Kenya) - hvis jeg kunne betale et fat med flybensin og komme meg om bord i flyet til avtalt tid. Dette fikk jeg ordnet.

Mine venner fikk meg til å spise mitt første måltid mat på en uke før jeg dro. Det var noe innvollsmat, som jeg absolutt ikke skulle ha spist! Tiden nærmet seg tidspunktet for avgang med flyet. Jeg måtte snike meg over gjerdet og ut på flystripa til flyet. Jeg krabbet og gikk om hverandre, så jeg ikke skulle bli sett. Den lille røde nylonveska mi, som var min eneste bagasje nå, var med. Piloten hadde startet motoren og sto og ventet på meg. Jeg løp de siste meterne på rullebanen og kom meg inn i flyet. Piloten ga full gass, klarerte med tårnet - og vi var av stede. Vi skulle fly over Uganda hvor Idi Amin på den tiden styrte, og videre ned til Nairobi.

Da vi kom over Uganda, likte ikke Idi Amin det, så vi måtte gå så høyt vi kunne med en kabin som ikke var trykkabin. Det ristet og skaket i hele flyet. Litt etter litt kom vi inn i Kenyansk luftrom. Da fikk vi «besøk» på siden av flyet. Der, høyt oppe i luften, kom det kenyanske luftvåpenet. Det var ikke hyggelig. For deres fly var mye større og det var jetfly. De fløy helt innpå oss. Vi ble beordret ned på en militær flyplass, fordi vi ikke hadde meldt ankomst i Kenyansk luftrom.

I forhør

På flyplassen ble jeg tatt inn til forhør av militæret. Jeg var blitt så syk av maten i Sudan, at jeg nesten ikke kunne stå. Men jeg ble tvunget til å stå rett. Etter et ganske langt forhør, fikk jeg gå. Dette var slitsomt. Midt oppe i det hele var det bare en ting å gjøre, det var å prise Herren for seier!

Dressa opp for seier

9 Kapittel

Syk i Nanjuki
Etter ankomst Kenyatta, Nairobis militære flyplass, reiste jeg 4 timer med bil til Nanjuki. Jeg var syk under hele møtekampanjen, og lå til sengs hele dagen i nabobyen Meru. Men møtene ventet. Så jeg reiste ned og talte, ba til frelse og helbredelse med kenyanerne.

Jeg måtte bak plattformen og kaste opp midt i talen, flere dager på rad. Etter møtene var det rett tilbake til Meru og opp i sengen. Der ble jeg til dagen etter, da var det igjen nytt møte. Etter enda en uke var det flyreise tilbake til Norge. Jeg var syk en hel måned etter at jeg kom hjem.

Ser du, åndskampen kommer når vi adlyder Herrens befaling. **Det ligger en åndsmakt bak alt som skjer. Vi er styrt av det åndelige, i det fysiske.** Dette jeg nå har fortalt, innebærer hele tiden kamp i ånden. Vi står fast mot alle Satans angrep. Forstår du? Hør hva Bibelen sier:

”Vær derfor Gud undergitt! Men stå Satan imot, og han skal fly fra dere.”
(Jak 4,7)

”Grip troens skjold, hvormed dere kan slukke alle den ondes brennende piler.” (Ef 6,16)

Brennende piler, som da er **tanker.** Åndskampen er i **sinnet** og **følelsene.**

Guds skole med livene våre, når vi adlyder Ham, er en hard skole. Men en god skole. Du blir det Gud vil du skal være.

10 Kapittel

Gnisten som slo ut over hele landet (Sudan)

Her kommer litt mer angående Sudan-reisen. Jeg skulle egentlig ha møter i Nanjuki, Kenya, som allerede fortalt. Men ble forespurt av min misjonærvenn Jan Ernst Gabrielsen, om jeg ville reise til Sudan en tur også. Det var snakk om å gjøre **nybrottsarbeid i den muslimske nasjonen.** Så jeg sa: «Jeg er klar». Jeg var 27 år den gang og hadde vært frelst i 6 år. Alle hindringer før turen: Stjeling av billettpenger og utstyr, borgerkrig som brøt ut og kraftig sykdom - var det noe viktig på gang som djevelen desperat prøvde å stoppe?

Vi går 35 år fremover i tid

Jeg har ikke vært i Sudan siden jeg hadde møtene der for 35 år siden. Og hadde heller ikke snakket så mange ganger med misjonær Jan Ernst Gabrielsen. Men jeg hørte at misjonær Jan Erik Stenersen og hans kone Eli Siv hadde vært mye i Sudan og undervist Guds Ord. Og jeg bodde hos Jan Erik og Eli Siv første gangen jeg var i

Afrika. Da hadde de ankommet som misjonærer 1 uke tidligere.

35 år senere ser jeg et kristent TV-program hvor Jan Ernst Gabrielsen er gjest. Her vises det film fra samme kultursenteret i Juba som jeg hadde hatt møter i, 35 år tidligere. Han fortalte at etter de møtene jeg hadde i Juba - hadde ilden spredd seg ut over hele nasjonen. Inntil nå hadde det blitt ca. 460 menigheter! Og det vokser og vokser. Gud er miraklenes Gud!

Kriger-lærling

Skjønner du, man må gå **i lære** hos Herren for å bli en kriger og **vinne** kampen i åndens verden. Læringen varer hele livet, formingen av deg varer hele livet. Det er en praktisk lærevei. Du gjør alt åndelig og praktisk arbeid om og om igjen - til det sitter. Når det sitter, gjør du det om og om igjen resten av livet ditt her på Jorden. Du avlegger det som trengs, helt til det er avlagt. Helt til alle dine tanker og ønsker er Hans - i deg. Læretiden går i faser, det er som å gå fra barneskole til ungdomsskole, fra ungdomsskole til videregående skole og fra videregående til universitet, fra universitet og ut i arbeidslivet. Du stryker kanskje på noen trinn, og går om igjen. Men du kommer igjennom til slutt.

Seiersturens utfordringer som måtte overvinnes i Jesu navn

Pengene ble stjålet. Nye penger måtte skaffes. Flyet forsinket fra Nairobi og jeg visste ikke **om** det i det hele tatt gikk til Juba, Sudan. Borgerkrig hadde startet - så ingenting var planlagt og arrangert. Alt var stille under invitasjonen til helbredelse, og frykten prøvde seg. Jeg ble holdt igjen av militæret, fikk ikke forlate Sudan, og måtte derfor rømme landet i et småfly. Måtte i forhør hos politiet i Nairobi. I tillegg var jeg hele tiden svært syk av matforgiftning under alle møtene, og hele reisen etterpå. (Ingen hyggelig flytur hjem når man er så syk!) Matforgiftningen varte i over en måned etter at jeg kom hjem. Får du lyst til å satse nå, eller blir du skremt vekk fra Herrens kall over livet ditt? Det er kun **en måte å lære på** og bli **formet** på: Det er på **Herrens dreieskive!** Det er verdt det alt sammen! Så sett i gang.

Dressa opp for seier

11 Kapittel

Du har aldri mer seier over Satan, enn du har i ditt eget liv
"Åndelig krigføring" er en misforstått dimensjon for de fleste. Mange tror det er å gå rundt (eller sitte) og såkalt "krige i tunger". Gjennom uforstanden på dette området, har noen allikevel kastet seg ut i oppgaver. Dette er tragikomisk. Hvis du skal være i en krig og skyte, **må du være der ute hvor fienden er** - og skyte på ham. (Ikke sitte hjemme i stua og skyte med geværet i taket). Mange er arrogante i sin holdning, de tror de er sjef og at demonene må adlyde. En setning som ofte kommer er "jeg **kjenner** det er seier". De som har den innstillingen, forstår ikke riktig hva demoner og Satan er. Du må **fysisk ut** i krigen, **der det foregår.** Skal vi leve våre liv i en "åndelig krigføring", er det av største betydning for oss at vi kjenner de områdene i vår natur som er **ubevoktet** og åpne for Satans angrep.

Dressa opp for seier

12 Kapittel

Forvist til å leve i mørket
Judas brev forteller oss: "Og de engler som ikke tok vare på sin høye stand, men forlot sin egen bolig, dem holder han i varetekt i evige lenker under mørket til dommen på den store dag". (Judas 6)

Fravær av Gud som er lys
Da Satan gjorde opprør mot Gud, ble han satt under evig dom – i det som i vår Bibel kalles "mørkets avgrunn" eller "lenker". Satan, og de falne engler med ham, er forvist til å leve i mørket. Dette mørket betyr ikke bare "områder uten lys". Det evige mørke som Skriften taler om, er i første rekke et **moralsk mørke**. Det gir også utslag av **mørke i bokstavelig fysisk forstand**. Men dette **mørkets opphav** er ikke på grunn av selve fraværet av lys, **men av fraværet av Gud som er lys.** Det er livsviktig å innse at dette mørket som Satan er forvist til, ikke er begrenset til områder utenfor menneskeheten. Men i motsetting til de som ikke kjenner Jesus, er vi fridd ut fra mørkets makt.

”Han som fridde oss ut av mørkets makt og satte oss over i Sin elskede Sønns rike”. (Kol 1,13)

Er vi født av lyset, er vi ikke fanget i mørke

1. Hvis vi **tolererer mørket ved å tolerere synd,** stiller vi oss selv **åpne** for Satans angrep. Satan er alltid ute med sine angrep, med tankepiler. Men her åpnes en dør lettere tilgjengelig for han.
2. Er man **med vilje ulydig** mot Guds Ord, er åndelig mørke og demonisk aktivitet i gang. Her er det snakk om 2 typer angrep: Satans angrep og demonenes angrep.

Derfor advarer Jesus: ”Se derfor til at lyset i deg ikke er mørke”. (Luk 11,35)

”Menneskets ånd, er en Herrens lampe”. Din ånd opplyst av Kristi Ånd, blir en Herrens lampe, som Han bruker for å ransake ditt hjerte. Det er i sannhet en hellig stråleglans som omgir en sann åndsfylt kristen. Når det gis rom for synd, blir ”lyset i deg til mørke”. (Fork 20,27)

Satan har tillatelse, gitt av Gud, til å bo i mørket

Dette er et poeng vi må forstå, få lys over. Satan og demonene kan ferdes i **ethvert område av mørke.** Til og med i det mørket som fremdeles finnes i en kristens hjerte! Derfor ser man ofte at kristne som kommer til forbønn for forskjellige ting, ikke trenger forbønn. **De trenger å omvende seg fra den synden i sine liv, som tillater mørket å være i dem.** Når de omvender seg, går mørket! Satan og demonene har ikke lenger mulighet til å være der. For nå har det blitt lys! La oss ta en titt på Peter. Det var ikke menneskelig frykt som fikk Peter til å fornekte Jesus 3 ganger. Peters fornektelse var satanisk bevirket ved tankepiler.

Jesus sa: "Simon, Simon! Satan har krevd å få sikte dere som hvete. Men Jeg ba for deg at din tro ikke måtte svikte. Og når du **igjen vender om,** da skal du styrke dine brødre". (Luk 11,35)

Dette var før Jesu forsoningsverk på Golgata. Dette hadde ikke Satan kunnet gjøre etter forsoningen. Da var seieren evig vunnet. Satan hadde lett tilgang her. Han hadde sett et mørke i Peters hjerte. Etter at de hadde spist påskemåltidet sammen med Jesus, begynte disiplene å krangle.

"Da begynte de å trette om hvem som skulle forråde Jesus. Det ble en strid i mellom disiplene, om hvem som skulle være den største av dem."
(Luk 22,23.24)

Sannsynligvis gikk Peter av med seieren her. Vi kan forestille oss at Peters fremtredende stilling blant disiplene ga ham en overlegen holdning, som Satan benyttet til å gjøre ham arrogant og skrytende. Peter ble oppblåst av stolthet og gjort klar for fall.

"Hovmod står for fall." (Ord 16,18)

Hovmod var årsaken til Satans fall, og hovmod var nøyaktig det samme mørket Satan brukte til å føre Peter til fall.

13 Kapittel

Peters fall var forårsaket av Satan - gjennom disiplenes egen synd: Stolthet

La oss før vi går i krig innse, at **de områdene vi skjuler i mørket,** nettopp er de områdene hvor vi i fremtiden vil **lide nederlag.** Ofte vil de kampene vi møter, ikke forsvinne før vi oppdager det som er skjult i mørket i oss selv. Når vi har oppdaget det, tar vi tak i det - og **omvender** oss fra det. Skal vi være effektive i "åndelig krigføring", må vi avsløre vårt eget hjerte. Vi må vandre i ydmykhet med vår Gud. Det er et vers som passer så flott inn her:

"Vær derfor Gud undergitt! (lev i ydmykhet innfor Gud) Men stå djevelen imot, og han skal fly fra dere." (Jak 4,7)

Mørkets rustning
Før Gud virkelig kan bruke oss, på den ene eller andre måte, må vi gjennom en skureperiode. Peters personlighet viste overmodighet og stolthet. All medgang Peter fikk i begynnelsen hadde gjort ham

ambisiøs og selvsentrert. Gud kan aldri betro Sitt Rike til mennesker som ikke har fått sin stolthet brutt. For stolthet er selve mørkets rustning. Da Satan krevde tillatelse til å sikte Peter, svarte Jesus: «Du kan sikte ham, men du får ikke ødelegge ham». **Krigføringen** mot Peter var knusende, men **nøye tilmålt**. Den **tjente Guds hensikt.** Peter var uvitende om disse mørke områdene i sitt liv, og uvitenheten gjorde ham åpen for angrep.
Dette var like før forsoningsverkets realitet og seier kom. Mennesket var det samme. Men vi fikk en ny Guddommelig virkelighet å forholde oss til. Nemlig **virkeligheten: Det er seier i Jesu navn.**

Men Herren vil spørre hver enkelt av oss: Kjenner du de områdene der du er sårbar for djevelens (tankepiler) angrep? Jesus ønsker ikke at vi skal være uvitende om våre behov. Sannheten er at når Han avdekker synden i våre liv, er det for at Han skal kunne ødelegge djevelens verk. Vi må innse at **vårt sterkeste forsvar mot djevelen, er å bevare et ærlig hjerte innfor Gud.** Når den Hellige Ånd viser oss et område hvor vi **må** omvende oss, **må** vi overvinne vår instinktive trang til selvforsvar. Vi **må** stoppe munnen på den lille advokaten, som dukker fram fra en mørk krok i vårt sinn. Advokaten som påstår at klienten ikke er så dårlig. Din "forsvarsadvokat" vil forsvare deg til du dør. Du kommer aldri til å se hva som er galt i deg selv. Heller ikke vil du møte behovet for forandring. Her må noe skje… Her må noe gjøres…

Dressa opp for seier

14 Kapittel

Skal du lykkes i krigføring - må du overlate din selvoppholdelsesdrift til din Herre Jesus

Vi kan ikke engasjere oss i åndelig krigføring, uten å godta denne kunnskapen. Det står faktisk: **Gud står den stolte imot, men den ydmyke gir Han nåde.** (Jak 4,7) Dette er et meget viktig vers. Hvis Gud står de stolte imot, og vi er for **stolte** til å ydmyke oss og innrømme at vi har feil, **da står Gud oss imot!**
Jeg nevner det igjen:

"Vær derfor Gud undergitt, bøy dere for Gud! Men stå djevelen imot, og han skal fly fra dere."

Når vi leser dette verset, leser vi det nærmest som et monument over åndelig krigføring. Likevel ser vi **løftet** om at **Satan skal flykte** fra oss, står i sammenheng med **omvendelse, ydmykhet og et rent hjerte!** Vi må gå lengre enn en vag overgivelse til Gud. Vi må overgi det konkrete området med personlig kamp til Ham.

Når vi går imot Satans og demonenes krefter, må det være fra et hjerte som er overgitt til Jesus.

Skal du lykkes i din åndelige krigføring må du forstå og rette deg etter dette prinsippet: **Seieren begynner med navnet Jesu på dine lepper;** men den vil **ikke bli fullbyrdet før Jesu natur er i ditt hjerte!**

Hva menes med «i ditt hjerte»?
Dette trenger vi lys over. Når vi hører «i ditt hjerte», så menes det mest sentrale i oss. Hva er det mest sentrale i oss? Det er der hvor livet i oss springer ut. Det er ikke i det fysiske legeme, det går dypere enn det. **"Gud blåste livets ånde inn i menneskets nese og mennesket ble til en levende sjel".** Pusten kom inn i nesen, videre ned i bronkiene og inn i lungene.
I lungene la pusten seg på lunge-alveolene (reseptorene). Alveolene igjen bringer pusten med dets innhold videre inn i blodet. Blodet bringer det gjennom blodårene og videre i hårrørsårene, ut i hver fiber i vår muskulatur, i hver kjøttfiber og til hvert indre organ. Her ser du at vårt åndelige og sjelelige legeme, er på størrelse og i form som vårt fysiske legeme. Det som er

forskjellen i så måte, er at vårt åndelig og sjelelige legeme er usynlig for det fysiske, menneskelige øyet. Dette er **i dypet av vårt indre**, her er **vårt åndelige hjerte.** Det fyller hver fiber i oss.

Jeg nevner prinsippet igjen: **Seieren begynner med navnet Jesu på dine lepper, men seieren vil ikke bli fullbyrdet før Jesu natur er i ditt hjerte.**

Er Jesu natur i deg? Da vil det skinne igjennom deg og ut av ditt fysiske legeme. Akkurat på samme måte som de negative sidene du tidligere hadde, skinte ut igjennom deg den gang. Denne regelen, dette prinsippet, gjelder alle sider av åndelig krigføring. Du ser, Satan vil alltid fokusere og angripe dine eventuelle svake områder. Det vil han gjøre helt til du forstår at eneste mulighet til å bli hel og fri, er og bli Kristus lik. Etter hvert som du begynner å tilegne deg, ikke bare Jesu navn, men også **Hans natur,** vil Satan være på vakt. Han vil nå bli mer forsiktig når han møter deg. **Du har nå blitt en trussel mot mørkets rike,** Satan og demonene. De har begynt å se Kristus i deg. Jo sterkere vår **overgivelse** til Kristus blir, sterkere og sterkere blir **Kristus i oss.**

Det er ikke all **memorering** av Bibelsitater som gir resultater. Men **involveringen** av ditt eget liv, din overgivelse til Kristus, vil gi resultater. Vi skal ikke skjule oss bak Bibelen, vi skal ha Bibelen (Guds Ord) i oss. Vi skal ikke bare forkynne de gode nyheter, vi skal **være** de gode nyheter til verden. Når mennesker møter oss, skal de møte Kristus i oss. Ser du Satans stilling? Ser du hvordan den blir overfor deg nå? Ikke så bra. **Kristus** er Satans **beseirer.**

Hvor endte Peter opp?
Leser vi i Johannes-evangeliet ser vi hvordan Peter litt etter litt slipper alt av sitt eget, og kommer til en reell erkjennelse og overgivelse av sitt eget liv til Kristus. (Joh 21,14-18)

Jeg synes det Peter sier i vers 17 er så fantastisk. Han sier: "Herre! Du vet alt, Du vet at jeg har Deg kjær."

Nå var det Jesus og Han alene for Peter. Peter ble det mektige redskapet for Gud, som vi leser om i Apostlenes gjerninger. Han led martyrdøden for Kristus. Han ble korsfestet opp ned på et Andreas-kors.

Dette ble han, fordi han ikke ville bli korsfestet med hodet opp - som sin Mester.

Satan vil gjenkjenne oss overalt hvor vi dukker opp

Jeg har reist og forkynt evangeliet om Jesus over hele verden siden jeg var 22 år gammel. Jeg kaset meg ut på det jeg kjente Gud kalte meg til. Guds Ord virket over mine lepper i Jesu navn, men Jesus måtte få **hele** mitt hjerte. Jeg var ikke villig til det. Men Gud var nådig. Litt etter litt som årene gikk, fikk Herren Jesus mer og mer tak i livet mitt. Ikke noe av dette vil skje over natten for noen av oss. Dette er en prosess som tar tid, det tar år. Det viktigste er at vi er ydmyke og villige. Det er ved Guds nåde vi kan si: Er det noe demonisk aktivitet i området jeg kommer, så reagerer demonene øyeblikkelig. Vi leter ikke etter demonene. **Har du autoritet over demonene, vil de avsløre seg - og du vil ha autoritet til å kaste dem ut med ett ord. Har du ikke autoritet over dem, vil de ikke avsløre seg, og du har heller ingen autoritet til å kaste dem ut.**

Demonene trekkes til møtekampanjene

Autoritet kommer med **åpenbaringen** av det skrevne Guds Ord, **Kristus i deg.** I en av mine andre bøker, skriver jeg om autoriteten i navnet Jesus - og om åpenbaring. Når jeg har møtekampanjer, er det interessant å se hvordan demonene reagerer. De trekkes til kampanjene som fluer til fluepapir. Jeg får alltid trusler, verbalt (gjennom medarbeidere) fra heksedoktorer og andre som er plaget/involvert med Satan og demoner. Trusselbrev har også blitt overlevert på kampanjene, og til hotellet hvor jeg bodde. Mordtrusler har også kommet. Jeg har også blitt steinet. Når jeg proklamerer budskapet om Kristus på kampanjer, samles de demonplagede alltid **bak** plattformen (noen er også foran plattformen) - jeg aner ikke hvorfor. Jeg har stoppet midt i taler, gått bak plattformen og kastet ut demoner med ett ord – for så å gå tilbake og tale videre.

Det er tilfredsstillende å vite vi er overvinnere i Kristus. Det gir en veldig trygghet og seiersfølelse.
Lever Kristus i deg, kaster du demonene ut med ett ord: I Jesu navn kom ut! Det er nok, når Kristus er ditt liv. Lever Kristus sterkt i deg, er du sterk i troen. Du **vet** det - og du bruker troen i alle livets gjøremål.

15 Kapittel

Satan frykter renhet og er vettskremt av ydmykhet

Satan er livredd mennesker som har bøyd sine knær for Kristus, og lever i ydmykhet, sterke i troen. Nå står Herren på de samme områdene, som han en gang hadde adgang til. Satan er livredd Jesus Kristus i deg.

Støv og jord - kjernen i den kjødelige natur

Da mennesket falt i Edens hage, var Guds dom over djevelen: «Støv skal du spise alle dine livs dager». (1 Mos 3,14). Støv og jord (hebr.: adama) er kjernen i den kjødelige natur. Alt som er i kjødelig natur - er jord og støv.

La oss se på sammenhengene her. Satan lever av vår jordiske, kjødelige natur. Satan begeistres over det vi holder tilbake fra Gud. Han begeistres over det vi ikke er villige til å overgi til Gud av våre liv. Der trår Satan og demonene inn for å ødelegge. Satan kom bare for å stjele myrde og ødelegge. (Joh 10,10) Derfor må vi innrømme at opphavet til mange av våre problemer og bindinger, ikke er demoner, men kjødelighet. Det at vi ser på oss selv som så bra, så selvrettferdige, hindrer oss i å se ærlig på oss selv.

Vi vet hvem som er i oss, men skal vi lykkes i vår krig mot djevelen, må vi også vite hva som er i oss.

16 Kapittel

Før vi går til angrep, må vi innse at mange av våre kamper rett og slett er konsekvenser av våre egne handlinger

For å kunne kjempe effektivt, må vi være i stand til å skille det som er kjøttet, fra det åndelige. Uten å ha klarhet her, vil ingenting fungere. Har du noen gang sett en fugl kjempe mot seg selv i et speil? Han tror han ser en fiende i seg selv. Mange av dine fiender er også et speilbilde av deg selv. Før vil legger opp noe strategi for å angripe Satan, må vi forsikre oss om at den egentlige fienden ikke er vår egen kjødelige natur.

Vi må spørre oss selv: Er det som undertrykker meg i dag, en høst av det jeg sådde i går? Eller er det et demonisk angrep?

Dette må vi få en 100 % klarhet over. Når Satan kommer imot deg, forsøker han alltid å narre deg ved å rette oppmerksomheten mot din egen rettferdighet. Jo mer vi innser at **Jesus alene er vår rettferdighet,** dess mer senker vi skuldrene. Og mindre kan motstanderen angripe oss for våre feiltrinn. Dette er fantastisk å få sine øyne opp for.

17 Kapittel

Ja, i kjøttet er jeg svært utålmodig
Fordi jeg er født på ny, er en ny skapning i Jesus Kristus, er Jesus min rettferdighet. Gjennom Hans blod er jeg tilgitt og renset (les min bok "Blodmysteriet"). Vend deg til Gud igjen. Bruk anklagene som en påminnelse om at du ikke står foran en dommer, men innfor nådetronen, og at du derfor kan nærme deg Gud for å få hjelp. (Heb 4,16)

Ydmykhet er vårt vern
En viktig nøkkel til å overvinne djevelen, er ydmykhet. Å ydmyke seg er å nekte å forsvare seg. Du er fordervet og full av synd i din gamle natur! Likevel har vi en **ny** natur som er **skapt i Kristi bilde** (Ef 4, 24). Derfor kan vi si oss enig med vår motstander når det gjelder tilstanden i vårt kjøtt. Men ikke begrens begrepet om ydmykhet til bare å gjelde åndelig krigføring. Det kan overføres til andre situasjoner også. Styrken ved ydmykhet, er at den bygger et åndelig vern rundt sjelen din. Den nekter strid, konkurranse og mange av livets irritasjoner å stjele din fred.

En ypperlig måte å oppøve dette på, er i familiesituasjoner. Dette kjenner vi alle til. Familien er en ypperlig treningsleir for å oppøve Åndens frukter i sitt liv og avlegge kjøttets gjerninger (Gal 5, 16-22). Du gjør feil, blir kritisert, blir irritert, gjør noe du ikke burde gjort. I stedet for å slå tilbake, og forsøke seg på en selvrettferdiggjørelse i stolthet: Ydmyk deg, be om tilgivelse, be til Gud i sammen med vedkommende det gjelder. Gå inn for å dette, **betal prisen** for det **med ditt eget kjøtt.** Be Gud gi deg et forståelsesfullt hjerte. Hvis vi forblir ydmyke av hjertet, vil vi motta overstrømmende nåde fra Gud. Satan blir avvæpnet på mange fronter. **Husk: Satan frykter renhet.** Han er skremt av **ydmykhet.** Han hater det, fordi **ydmykhet er sjelens overgivelse til Herren,** og djevelen er livredd Jesus Kristus.

18 Kapittel

Riv ned festningsverkene

Jeg har alltid kommet med en litt humoristisk uttalelse, men likevel svært seriøs: **Av nåde** er vi **frelst**, men så er det slutt med den lette tilnærmingen til Kristus. Skal vi lenger enn innenfor dørterskelen i frelsen, må vi brette opp skjorteermene. Nå begynner jobben. Her ser man at mange ikke ønsker å gå videre. De blir på babystadiet med alle ”plagene”, sjelelig og fysisk, som de har båret livet igjennom før frelsen. Åpenbaringskunnskapen som er tilgjengelig, strekker de seg ikke etter. For å komme inn i den videre utviklingen med Herren, krever det at vi går videre innover i frelsen med Kristus. Vi kan ikke stoppe opp, da dør vi åndelig til slutt. **Frelsen er Guds første trinn** i Hans plan for våre liv. Den planen som går ut på å **likedanne oss med Jesus Kristus i karakter og kraft.** Hvis ikke vi ser vårt forhold til Gud i lys av dette, vil vi tillate mange områder i oss (i vår sjel/personlighet) å forbli uforandret. **Å rive ned festningsverker,** er å gjøre ende på og **fjerne de gamle måtene å tenke på,** slik at Jesu virkelige nærvær kan manifestere seg gjennom oss.

Blikkboksen
Jeg har i mange år brukt blikkboksen som et eksempel på vår åndelige utvikling. Det gjør dette med å rive ned festningsverker enkelt å forstå. Du har en blikkboks med nydelige hermetiserte frukter inne i. Blikkboksen er veldig gammel og har begynt å ruste kraftig. Nå ser vi i løpet av noen setninger boksens liv over mange år.

Denne boksen er et bilde på din sjel som er rundt din ånd.
I din ånd har den nye fødsel skjedd. Du har blitt en ny skapning. Du har fått skiftet ut ånden med syndens natur på grunn av syndefallet. Du har fått en ånd av samme karakter og kvalitet, som den Adam og Eva hadde før syndefallet. Utenpå den nye ånden, er din personlighet, din sjel. Den er ikke født på ny.
Som du ser, er du lik blikkboksen. Det nye fantastiske livet er inne i den hermetiserte boksen. Nå begynner den gamle blikkboksen å ruste. Biter av den faller av. Det som er inne i boksen begynner å sive ut. Mer og mer rustent blikk faller av, mer

og mer fruktsaft siver ut. Det som er inne i boksen, begynner å dominere omgivelsene, og det resterende av blikkboksen med sitt liv.
Ser du hva jeg vil frem til. Nemlig at Kristus må få stadig mer overtak over din personlighet. Kristus blir mer og mer ett med deg, din personlighet. Du begynner å ligne på Kristus! Du begynner å **tenke, tale og handle i tro** som Kristus. **Du blir Kristus lik.**
Dette er hva prosessen med å rive ned festningsverker gjør i ditt liv.

Hva er et festningsverk?
Jeg vil også nevne en middelalder-festning i denne sammenheng. Den er satt sammen av store granittblokker. Tar du ut en granittblokk, er det åpning i muren. Jo flere du får ut, jo mer av det som er innenfor muren kan komme ut.

”For om vi vandrer i kjøttet, så strider vi dog ikke på kjødelig vis. For våre stridsvåpen er ikke kjødelige, men mektige for Gud til å omstyrte festningsverker, idet vi **omstyrter tankebygninger** og enhver høyde som reiser seg **mot kunnskapen om**

Gud, og **tar enhver tanke til fange** under lydigheten mot Kristus." (2 Kor 10, 3-5)

Satan har undertrykket og **bundet folkehavet** verden over med **tankebygninger.** Han angriper med tankebygninger. Demonene kommer som forskjellige type makter, somatiske og psykiatriske. Satan har bygd sine borger/festningsverker med tanker, i mennesker tanke- og følelsesliv. På innersiden her lever da den gjenfødte personen, den frelste. Satan lar alltid sine tanker identifisere seg med deg som personlighet. Du tror at det er deg, mens det er Satans tanker. **Tankebygninger**, festningsverk, høyder **mot kunnskapen om Gud.**

19 Kapittel

Her begynner du din vandring ut i seier
Skal du kunne sette andre fri, må du først være fri selv. Så du ser, ditt ansvar for verden, er deg selv. **Festningsverkene** er altså borger av granittblokker (alle **kjødelige tanker** og følelser som **styrer deg**), som manipulerer, forkrøpler og gir deg vrangsyn på alle ting. Noen sykdommer kommer også innenfra, fra den psykiske biten, og angriper legemet. De fleste sykdommer er angrep utenfra og inn på legemet.

Bryt borgen ned
Husk, her er det ikke snakk om åndsbesettelse, men **undertrykkelse** på sjelen utenfra - og bundethet direkte på din sjels område. Dette problemet gjelder kristne, som ikke kristne.

La oss bryte borgen ned
Nedrivningen av festningsverkene **begynner med omvendelse.** Du har blitt født på ny, blitt en ny skapning i Kristus. Også din samvittighet er blitt ny. Du vil ganske raskt forstå hva som i din

personlighet ikke bør være der. Dette er da ting som har vært en del av ditt ikke-kristne liv. Nå opplever du følsomheten fra den Hellige Ånd, som gir deg indikasjoner på at ting må vekk fra livet ditt. Tar du dette på alvor, går til Gud Fader i Jesu navn, **omvender deg** og ber om **tilgivelse,** så forsvinner det. Da er du fri. Da har en eller flere granittblokker i festningen falt ut. Nå kan Den Hellige Ånd i din ånd, som er innenfor festningsverkene, begynne å sive ut.

Det er på samme måte som med blikkboksen.
Omvend deg nå fra ting etter ting som Den Hellige Ånd gir deg indikasjoner på. Jeg sier indikasjoner, for det er det du får. Du hører ingen høye stemmer, men **noe i tankene dine som overbeviser deg** om det du bør gjøre. **Dette er den Hellige Ånd.** Dette er spennende. Det som er superviktig å gjøre etter hver omvendelse og tilgivelse, er å **be Jesu blod over deg til beskyttelse.** Gjør dette på samme måte, hver gang, helt til du er fri alt som har tynget og bundet deg. Ser du, Den Hellige Ånd får frihet i ditt åndsliv. Det er kun gjennom våre ukorsfestede tanker, og ikke helliggjorte

holdninger, at urene ånder/demoner får adgang til våre liv. De kommer forkledd som våre tanker og følelser, gjemt i våre holdninger.

Parallelt med at du har omvendt deg og har blitt fri, må Kristus få bygge Sin bolig av rettferdighet på nettopp de områder hvor Satan en gang holdt til.
I befrielsesprosessen din, kommer perioder med kamp. Når festningsverkene blir revet ned, gjør Satan alt han kan for at de ikke skal bli revet ned. Han kjemper for å bli værende i ditt tankeliv og følelsesliv. Din personlige nedriving av festningsverker skjer ikke uten smerte. Her kommer et kjærkomment vers for meg:

"Vær derfor Gud undergitt! Ha Jesus som Herre, stå djevelen imot, og han skal fly fra dere." (Jak 4,7)

Jeg husker da jeg hadde blitt frelst 8. februar 1973, kl 20.30 (i Salem, Oslo) - jeg fikk øyeblikkelig en ny samvittighet som begynte å gi meg indikasjoner på ting. En hovedsak for meg: Jeg kjente jeg måtte slutte å røyke. Fordi det var synd mot mitt eget legeme, det ødela min helse. Mitt

legeme er et tempel for Den Hellige Ånd. Jeg sa til Jesus at «jeg omvender meg fra røykingen og slutter nå». Jeg kastet sigarettpakken. Dagen etter kjøpte jeg en ny. Jeg tente på en sigarett, dro røyken inn i munnen, inhalerte den ikke. Jeg blåste den ut igjen - og kastet sigarettpakken - igjen. Dagen etter kjøpte jeg mer tobakk. Slik holdt jeg på en hel måned. Etter en måned slik, rørte jeg aldri igjen en sigarett. Det er over 40 år siden nå.
I Bibelverset vi akkurat leste, står det ikke hvor lenge jeg skulle stå djevelen imot før han flyr. Derimot så står det **jeg skal stå ham imot til han flyr.** Her med røyken tok det en måned. Dette er selvfølgelig forskjellig fra person til person. For mange er det seier med en gang, og igjen med ande tar det litt mer tid. Du blir **dressa opp for seier.**

20 Kapittel

Bygg Guds festning i din ånd
Paulus formaner de troende her. Dette er også til deg og meg av høyeste viktighet: «Jeg formaner dere altså brødre, ved Guds miskunn at dere **fremstiller deres legemer som et levende, hellig, Gud velbehagelig offer -** dette er deres **åndelige gudstjeneste**.

Og **skikk dere ikke lik** med denne **verden**, men bli **forvandlet ved fornyelsen av deres sinn**, så dere kan prøve hva som er Guds vilje; den gode velbehagelige og fullkomne! For ved den nåde som er meg gitt, sier jeg til enhver iblant dere, at han ikke skal tenke høyere enn han bør tenke, men tenke så at han **tenker sindig,** alt etter som **Gud har tilmålt enhver hans mål av tro.**" (Rom 12, 1-3)

Kjøttet
Når vi omvender oss, kan ting være tungt å avlegge. Det er her vi får smerter og kamp. Men tenk på ditt kjøtts lysters nedleggelse som et **Gud velbehagelig offer.** Det er til Guds velbehag, at du legger ned kjøttets

gjerninger, så du kan bli kledd i Hans seier i Kristus Jesus. Dette her blir **din åndelige gudstjeneste.** Dette er en fantastisk mulighet, når du ser det med Guds briller på.

Skikk dere ikke lik med verden – bli forvandlet ved fornyelsen av sinnet

Fantastisk! Se mulighetene til et nytt fantastisk liv i frihet og seier. Hvis du ikke skal skikke deg lik med verden, men skikke deg lik med Gud, så må du **vite** hva **Han vil** … hm. Da må vi gå til Bibelboka. Bibelen er Guds Ord, det er Guds stemme til deg.

Bibelen sier: "I begynnelsen var Ordet, og Ordet var hos Gud og Ordet var Gud". (Joh 1,12)

Han var i begynnelsen hos Gud. Alt er blitt til ved Ham, og uten Ham er ingenting blitt til av alt som er blitt til. I Ham var liv, og livet var menneskenes lys. Her forstår vi at Gud er det skrevne Guds Ord. Så Guds fullkomne vilje for deg er nettopp det skrevne Guds Ord.

"For Guds Ord er levende og kraftig, og skarpere enn noe tveegget sverd, og trenger igjennom, inntil det kløver sjel og ånd, ledemot og marg, og dømmer hjertets tanker og råd". (Hebr 4,12)

Nå er tiden inne for å begynne å fylle seg med det skrevne Guds Ord, slik at Den Hellige Ånd kan bruke det til å bygge opp Sin festning i din ånd.

"Dersom dere blir i Meg og Mine Ord blir i dere, da be om hva dere vil og dere skal få det." (Joh 15,7)

Og videre: "Men talsmannen Den Hellige Ånd som Faderen skal sende i Mitt navn, Han skal lære dere alle ting, og minne dere om alle ting som Jeg har sagt dere." (Joh 14,26)

La oss fylle oss med Guds stemme, som er levende og virksom. Det går inn i det innerste i deg og gjør sine fullkomne gjerninger. Nå er tankebygnings-murene nede, og Guds tanker bygges opp i vår ånd. Ser du? **Guds kraftsenter i deg bygges.** Du blir født på ny, en ny skapning i din ånd. Det er mirakelet som skjer øyeblikkelig. Det andre mirakelet som skjer, skjer over tid. Det er **forvandlingen ved fornyelsen**

av ditt sinn. Du fyller deg med det skrevne Guds Ord. **Ordet blir levendegjort i deg ved Den Hellige Ånd.** Du blir **"dressa opp" for seier!**

21 Kapittel

Det Guds Ord som er gjort levende i deg - er åpenbaringen av Hans skrevne Ord, Bibelen

Talsmannen **Den Hellige Ånd, gjør levende** det skrevne Guds Ord for deg. Plutselig så forstår du det! Ordet gir mening - du tror det. Det er på denne måten du får tro for ting. Gud gjør det levende for deg. Det er **åpenbaring.** Det er kun på denne måten du får tro for ting. Nå bygger du en solid Guds festning i din ånd. Steg for steg, bredere og bredere, sterkere og sterkere - blir din tro på Guds skrevne Ord, Guds vilje for deg.

Evnen til å prøve ånder

I denne prosessen vil ditt indre menneske, i Gud, bli sterkt og følsomt for alt som ikke er av Gud. Det gjør at du naturlig oppøver en evne til å prøve ånder. Dette er en evne som alle har noe av, men som utvikles på helt forskjellige måter i følsomhet.

"… en annen har evne til å prøve ånder." (1 Kor 12,10)

Noen har en naturlig utviklet evne av dette, som fungerer greit i det daglige kristenliv, mens noen utvikler det sterkere. Noen har dette som en del i sin forkynnende tjeneste.

"Som han tenker i sin sjel, så er han". (Ord 23,7)

Det du har og er i deg selv, vil synes igjennom deg.
Det er Hans, Jesu eget liv (!) som lever i oss, oppfyller Guds evige hensikt: Å skape mennesket i Sitt bilde. **Hans bilde kommer frem i oss,** gjennom Herren Jesu nærvær i oss. Dette gjør våre stridsvåpen **kraftfulle**, og **Han** fyller våre ord med **kraft og autoritet.** Vi forberedes til krig. Åndelig krigføring. Vi taler og proklamerer i Jesu navn og det skjer.

22 Kapittel

De skjulte festningsverkers opphav

1
Den verden vi lever i
Det første festningsverk til ødeleggelse for oss, er rett og slett denne verden vi lever i. Den stadige strømmen av informasjon og erfaringer som formet barndommens oppfattninger, er den viktigste kilden til djevelens festningsverker i oss. Satan brukte alle årene i barndommen vår, frem til frelsens dag, til å bake inn i sinnet vårt det han ønsket skulle være vårt evige ståsted. Mengden av, eller mangel på kjærlighet i hjemmene. De kulturelle omgivelser. Verdier blant de nærmeste, og press fra jevnaldrende. Så vel som frykt for avvisning og blottstillelse. Til og med vårt fysiske utseende og vår intelligens - alt medvirker til å forme våre følelser av identitet, og vårt syn på livet.

Sjelen vår er gjennomvevd av usikkerhet, og er svært mottakelig for kritikk og komplimenter fra andre. Under forsøk på å finne seg selv, blir slike ord tømt inn i unge

hjerter som smeltet stål. Når stålet er kjølnet, har det smeltet sammen med vår natur. Begrep og begrensninger blir lagt ned i oss fra barndommen av. Det bygges inn i våre tankemønstre gjennom andres ord, tanker og ideer. Mange av våre erfaringer om livet, er våre, bare fordi vi ikke vet om noe annen måte å tenke på. Likevel beskytter og forsvarer vi oppfatningene våre, som om det var vår egen kreativitet som har avlet dem.
I sin søken etter identitet tok de inn i din sjel denne blandingen av bedragerske fakta og illusjoner. Der står de i dag i direkte opposisjon til Guds forvandlende verk og kraft. **For kristne er Kristi sannhet den eneste sannheten som passer for evigheten.**

2
Erfaringer
En annen måte festningsverker blir bygget inn i oss på, er **gjennom erfaringene** våre og **konklusjonene vi trekker** av dem. Disse erfaringer, gode eller dårlige, er det vi kaller **virkeligheten.** La oss innse at livet, slik vi oppfatter det, er grunnlagt på et hvilket som helst nettverk av tanker og meninger, som vi for tiden lar styre vår sjel.

Gud på Sin side definerer virkeligheten som den sannhet som finnes i Hans Ord. Skal vi kunne reise fra vår verden og inn i Guds virkelighet, må vi betrakte Jesu Ord som døren inn til Guds evige rike. I summen av alt Jesus lærte oss, finner vi den levende realiteten av Guds rike.

For å styrte "våre erfaringers festningsverk", må vi "la det stå fast at Gud taler sannhet, men hvert menneske er en løgner". (Rom 3,4)
Hvem er det som egentlig hersker i våre liv? Gud eller våre erfaringer? I den grad våre erfaringer ikke føyer seg etter Guds Ord, «lærer» de oss umerkelig at Gud ikke er den Han sier Seg å være. Med andre ord: Selv om du ikke blir helbredet synlig der og da, må du ikke akseptere tanken som sier at helbredelse ikke er for vår tid. **Det Gud har tilveiebrakt, er evig.**

Gi deg selv anledning til å vokse inn i ny innsikt. Erfaringene kan synes gyldige. Men hvis du sitter igjen med tanker om at Jesus ikke er den samme i dag som i evangeliene, har du trukket feil konklusjon! Den er et festningsverk som må rives ned.

3
Vranglære

Et annet festningsverks opphav, er **feilaktig lære** og undervisning i menigheter, felleskap, konferanser etc. Jesu advarte: "**Pass på** at ikke noen fører dere vill!" (Matt 24,4) Vi kan la oss lede av et annet menneske, men vi må selv ta ansvaret for at vi ikke blir villedet av vedkommende.

Du må personlig ha kontakten

Vi må **selv** studere Bibelen og bli kjent i den. Vi må selv komme i posisjon for å motta åpenbaringer fra Gud. Ja, vi må selv få vårt personlige, direkte forhold og kommunikasjon med Jesus, Gud Jehova og Den Hellige Ånd. Dette vil da være en målbevisst prosess av maksimal disiplin og innsats fra din side.

Har vi ikke kontakten på denne måten, hvordan kan vi da avsløre feil i undervisningen vi hører? Uansett hvor godt vi liker en bestemt pastor, hvor ofte vi enn blir oppbygget av ham - må vi i ydmykhet be Herren stadfeste enhver lære det kan stilles spørsmålstegn ved. Ingen lærer er fullkommen. Ingen profet så ren at vi blindt kan la oss lede av ham. De kan veilede oss, men våre øyne må være åpne og våre ører oppmerksomme på den stadfestende stemmen til Jesus.

Hvordan er så den stadfestende stemmen til Jesus?

Lever du overgitt til Kristus Jesus, vil du kjenne i ditt indre om det du hører er rett. En stille indre indikasjon fra Den Hellige Ånd. Når det kommer, må du tro det - og da har du stadfestelsen. Den andre er: ”Ved to eller tre vitners nærvær skal enhver sak stå fast”. (2 Kor 13,1) Vel og merke hvis det er to eller tre Jesus-overgitte modne søsken.

Selv sanne lærere, kan uten å ville det, formidle falsk lære. Det betyr ikke noe hvor oppriktig bibellæreren er. Hvis det vi lærer ikke fører oss inn i Kristi kjærlighet, Hans hellighet og kraft - hvis undervisningen ikke forbereder oss for Jesus på disse områdene, slik at vi kan nå ut til andre - er undervisningen en festning som begrenser og undertrykker oss. Dette ser vi klart skje i lukkede ”kristne” sekter.

Den sikreste måten å unngå å bli villedet av andre på, er å se til at vi ikke villeder oss selv. Vi må forbli ærlige mot Gud, og mottakelige for Hans kjærlighet og Hans Ord, Bibelen. Guds kjærlighet vil man alltid oppleve nærværet av i godhet, mildhet, omsorg, faderlighet og forståelse. Satans plan er at vi gjennom oppvekst, erfaringer, menighetsliv eller fellesskapets lære, skal akseptere at visse deler av livet i Kristus ikke er reelle. Eller at det ikke gjelder vårt tilfelle. Hver kamp vi møter på i livet, dreier seg om hvorvidt vi kan bygge våre liv på Guds trofasthet og integritet. Hvis vi holder fast på de tingene vi er sikre på, vil Gud være trofast. Han vil gjennom det befri oss fra ethvert festningsverk - og føre oss helt inn i Sitt rike. Dette er sannheter som er virkelige og fungerer!

23 Kapittel

Den faste borg er å være lik Kristus

Når kristne flest engasjerer seg i åndelig krigføring, er det bare med et håp om enten å lette nåværende trengsel eller å oppnå en "normal" eksistens. Men **hensikten** med alle åndelige aspekter, krigføring inkludert, er å **likedanne oss med Kristi bilde.** Intet, hverken tilbedelse, krigføring, kjærlighet eller utfrielse, er virkelig oppnåelig hvis vi tar feil av det **eneste mål** for vår tro: Å bli **lik Kristus!** Selv om vi kanskje ikke ønsker å høre det, vil mange av våre åndelige konflikter rett og slett ikke la seg løse **før Herren Jesu karakter er dannet i våre hjerter.** Faderens hensikt med å befri oss, er langt mer enn bare å se vår byrde tatt av (eller få djevelen fjernet) fra vår rygg. Sannheten er at Guds spesielle hensikt, som Han lar alle ting i vårt liv være med å tjene, er at vi skal **"bli formet etter Hans Sønns bilde".** Faderens hensikt med vår frelse var at Jesus skulle bli "den førstefødte blant mange søsken". (Rom 8,29) Med andre ord, å virkeliggjøre Hans endelige seier ved at vi strekker oss etter **Hans endelige mål,** som

er å **fullføre forvandlingen til Kristi likhet.**
Det finnes en gjennomstrømming av ånd mellom Gud og oss. Det gjør at vår ånd blir gjennomsyret av Herren Jesu levende nærvær. Slik blir våre liv så overøst av Hans herlighet at "ingen del av det er mørkt". (Luk 11,36) Denne umiddelbare nærhet av Herren skaper et ugjennomtrengelig forsvar, en befestning som skjuler oss fra all ondskap. Gjennom Ham får vi del i relasjoner av Hans ypperste kvalitet, både med Faderen og med hverandre. Slik kan vi vandre uimottakelige for talløse sataniske angrep. Når Hans fylde i oss vokser, oppfylles det som står skrevet: **"Vi er slik som Han er, midt i denne verden", og "er han født av Gud, så bevarer Gud ham, og den onde rører ham ikke".** (1 Joh 4,17 og 5,18)

Vi må innse at det ikke er Satan som overvinner oss; det er vår åpenhet for ham. Skal vi fullt ut kunne legge djevelen under oss, må **vi vandre i "den Høyestes ly".** (Salme 91,1) Satan tolereres av denne ene hensikt: Kampen mellom djevelen og Guds hellige presser oss inn i Kristi likhet, der Kristi natur blir vårt eneste tilfluktssted.

Gud tillater krig å tjene Hans evige plan, som er å skape mennesket i Sitt bilde. (1 Mos 1,26) Straks vi innser at Faderens mål er å forvandle våre liv ved Kristi liv, vil vi stadig oppdage at **Gud har ett svar på åndelig krigføring: Tilegnelse av Hans Sønns natur!**

Plages du av demoner, frykt eller tvil? Overgi de områder til Gud. Omvend deg fra din vantro. Gi så deg selv til Kristi tro i deg. Plages du av begjær eller skamløse ånder? Bekjenn nettopp disse områdene av synd innfor Gud. Be om tilgivelse for din gamle natur, dra til deg Kristi tilgivelse og Hans rene hjerte. Faderen er mer opptatt av Hans Sønn skal komme til syne i våre liv, enn Han er av å beseire Satan. Den store gjennombrytende seieren er at ”vi er fullt i Kristus med vårt alt, ja hele vårt liv”.

Hvem er djevelen, at han skulle kunne heve seg over den levende Gud?
Det er en stor sannhet, at så snart djevelen må innse at angrepene mot ditt liv ikke drar deg vekk fra Gud, men nærmere Ham – straks han oppfatter at hans fristelser faktisk tvinger deg til å tilegne deg Kristi egenskaper – vil han trekke seg tilbake.

Dressa opp for seier

24 Kapittel

Målet er å bli Kristus lik, ikke "krigføring"
Det vil komme en tid, og den er nå, da Herren kaller oss til å rive ned helvetes festningsverker. Det må gjøres overalt hvor det er nødvendig, slik at vi kan få utført vår oppgave.

"Jesu sa: Gå ut i all verden og forkynn evangeliet for enhver skapning". (Mark 16,15)

Når jobben er gjort, kommer Jesus igjen. Tar vi en titt på Jesus i Getsemane, ser vi hvordan Han utførte den åndelige krigføringen med fullkommen suksess.

"Far! Om Du vil, da la denne kalk gå Meg forbi! Dog ikke Min vilje, men Din!" (Luk 22, 42-44)

Og en engel fra himmelen åpenbarte seg for Ham og styrket Ham. Han kom i dødsangst og ba enda heftigere, og Hans svette ble som blodsdråper, som falt ned på jorden. Her ser vi et fantastisk eksempel på en åndelig krigføring og hva det er. Det er en total overgivelse av alt i oss, etter Golgataseieren, til Faderen i Jesu navn.

Overgivelsen til Kristus er krigføringen
Ditt overgitte liv, gjør at alt Satan ser når han møter deg, er Kristus i deg. Når da Kristus i deg sier: Gå i Jesu navn, tilbake til det sted du kom ifra, så gjør han det. Når ditt liv blir etablert i denne virkelighet, så går Satan når du kommer. Dette er en virkelighet jeg opplever over alt jeg kommer. Det er ikke meg, men Kristus i meg. Satan er livredd ydmyke, overgitte liv til Kristus.

Kristus på korset - korset i mitt liv
Vi kommer aldri utenom det kjøttet tar til seg, av hva sansene bringer inn av sataniske tanker og demonisk påvirkning. Vi må gå bevisst inn på å prøve hva som er til Guds behag, og hva som er satanisk og demonisk. Detter er en tøff vei å gå. Jesus sa det så fint: ”Jeg er Veien, Sannheten og Livet.”

Dette er døperen Johannes siste vitnesbyrd: ”Han, Kristus, skal vokse, jeg skal avta.” (Joh 3,30)

Dette er den eneste muligheten, den eneste veien.

Den store seieren

Den største seieren som noensinne er vunnet, ble vunnet ved at Seierherren tilsynelatende døde. Uten at Hans motstander ble imøtegått med ett ord! Denne verdens fyrste ble dømt, og makter og myndigheter ble avvæpnet. Ikke ved åpen og direkte krigføring, men ved at Jesu overga Sitt liv på korset. Det er tilfeller da din kamp mot djevelen faktisk er en avsporing fra den Høyestes hensikt med deg. Forbedere og ledere i åndelig krigføring, bør legge merke til dette: **Det finnes en demon som har til oppgave å forlede vårt sinn til fortapelsen.** Denne demonen kalles **”feil fokus”!** Hvis du stadig ser onde ånder i mennesker eller i den materielle verden rundt deg, kjemper du kanskje egentlig mot den ånden. Dens endelige mål er å skape mental sykdom hos kristne som befrir fra åndsmakter.

Hør nøye etter nå: Vi er ikke kalt til å være opptatt av kampen eller djevelen, annet enn når kampen hindrer vår umiddelbare likedannelse med Kristus

Jesus. Vårt kall er å fokusere på Jesus! Djevelens verk derimot, er å dra vårt blikk bort fra Jesus. Satans første våpen er alltid å lure vårt blikk bort fra Kristus. Snu deg mot Jesus, og nesten straks vil kampen gi seg.

Jeg kjente en som drev et plateselskap. Han lyttet på plater i timer hver en dag. Han hørte etter skurring og knitring, som han måtte få fjernet før utgivelse. En gang sa jeg til ham: Det må være hyggelig å jobbe med musikk. Svaret kom klart. Han sa: «Vet du, jeg har ikke lyttet til musikk på årevis. Når jeg skrur på min førsteklasses hjemme stereo, er skurring og knitring det eneste jeg hører, uansett hvilken plate jeg spiller». På samme måte som tanken hans var opphengt i musikalske ufullkommenheter, vil "Feil Fokus" hele tiden prøve å vende tankene dine mot fienden. Plutselig er demoner alt du ser.

25 Kapittel

Evne til å prøve ånder I
Den sanne evnen som kalles ”evne til å bedømme/prøve ånder”, er en balansert evne som gjør deg i stand til å gjenkjenne minst like mange engler som onde ånder. Den ekte manifestasjonen av denne gaven, har en langt mer positiv vektlegging og påvirkning, enn det som vanligvis gir seg ut for å være åndsbedømmelse.

Balansert åndsbedømmelse
Et eksempel på balansert åndsbedømmelse, finner vi i 2 Kongebok. Den syriske hær hadde omringet en by i Israel. Dette ble til stor bekymring for profeten Elisjas tjener. For å berolige ham, ba Elisja om at tjenerens øyne måtte åpnes.
Så oppmuntret han sin tjener og sa: **«Vær ikke redd! Det er flere med oss, enn det som er med fienden».** Da Herren åpnet tjenerens øyne, så han det Elisja så: **Fjellet var fullt av ildhester og ildvogner rundt omkring Elisja!**
(2 Kong 6,16.17)

Jo mer intimt forhold til Kristus du har - jo mer frykter Satan ditt ståsted
I den åndelige krigføringen er slaget aldri begrenset til et menneskelig oppgjør mellom ”oss og dem”. ”**De som er** *med oss*” og ”**de som er** *med dem*” er alltid med. Sann åndsbedømmelse er like bevisst på skarene av engler som er lojale mot Gud, som den er klar over aktiviteten i de demoniske sfærer. Og den sanne åndsbedømmelsen er klar over at engleskaren på vår side er både sterkere og mer tallrike enn fienden. Husk, hvis du ikke ”hører musikken av seier” mens du står i krigen, er din åndsbedømmelse i beste fall ufullkommen.

Vi må lære, at på det personlige plan, er det bedre å utvikle gudfryktige egenskaper, enn å bruke hele dagen på å gå imot djevelen. Det er i sannhet gleden i Herren som kaster ut depresjonsånder. Det er vår levende tro som ødelegger vantro-ånder. Det er pågående kjærlighet som kaster ut frykten.

Kristi natur fyller vårt åndelige legeme – og bygger festningen

Når vi alltid underlegger oss Kristus, og ved tro overgir oss selv til Hans natur og Hans Ord - bygger vi bokstavelig talt opp en festning av Hans nærvær i oss og rundt oss. Veien inn i den Allmektiges borg er enkel. Seier begynner med Jesu navn på våre lepper. Den fullendes med Jesu natur i våre hjerter (vårt indre åndelige legeme).

Dressa opp for seier

26 Kapittel

Den indiske gurukvinnen - Satans sendebud

2 dager med møter med krise-regjeringen i Romania, ga muligheten jeg trengte for å komme i gang med forkynnelse. Det ble etter hvert store møter på fotballstadioner og i innendørs idrettshaller. Det er fantastisk å kunne være med å bringe Åndens kraft og autoritet, inn i ateistiske gudsfornektende nasjoner, styrt av diktatorer.

En uforutsett utfordring dukket opp. En indisk gurukvinne hadde klart å snike seg foran meg. Hun hadde leid en hall som tok 5000 mennesker. Hallen var full av folk som ventet, og gurukvinnen kom i en stor flott bil med privatsjåfør. Det var små lys langs hele veien hun skulle gå opp til hallen. På scenen satt rundt 50 av hennes disipler i hvite lange kapper. Selv satt hun på puter i silke, i alle regnbuenes farger.

Kundalini
Kundalini er et ord fra det gamle indiske språket Sanskrit. Det **betyr slangen som kveiler seg sammen.** Dette er den samme slangen, som var til stede i Edens hage, noen tusen år tidligere. Nå hadde diktatoren blitt fjernet og det kommunistiske styret hadde falt. Hva skjer? Satan hogger til med en gang.
Gjennom denne hinduistiske gurukvinnen, skulle det da (bare noen dager tidligere) ateistiske diktatorstyrte Romania, få sitt første reelle åndelige møte. Det var planen. Hallen som ble brukt, var den samme hallen som alltid diktatoren brukte å holde sine propagandamøter i til nasjonen.

Ut av diktatorens klør, og inn i slangens kvelertak - var planen
Her satt altså 5000 mennesker, akkurat kommet ut av diktatorens klør - så kommer Satan inn fra sidelinjen for å binde opp nasjonen igjen. Jeg kjente i mitt hjerte at dette kunne jeg ikke gå med på.

«Naskut de now» (rumensk)
«Bli født på ny». Det var den første boken min som ble oversatt til rumensk.
Jeg hadde allerede fått trykt opp 20 000

eksemplarer av den. Terje Westgård, som var min organisator i Romania, hadde ordnet med kristne til å stå ved alle utganger til hallen. De hadde mengdevis av denne boken til utdeling da tilhørerne kom ut. Jeg og min venn Kjell Martinsen, gikk inn og opp bak sceneteppet. Inne på scenen satt alle disiplene til kvinnen. Hun var også der og satt på sine fargesprakende puter. Vi satte oss midt i blant hennes disipler på scenen og ba til Gud om ledelse videre i seansen. Vi satt her med en sterk fred i våre hjerter. Vi var helt avslappet i denne situasjonen. Seieren var vår i Jesu navn, og det var vi fullt visse på. Guruens disipler rundt oss, kikket ikke spesielt på oss.

Klar for troens handling

Etter en stund reiste vi oss rolig opp mens kvinnen talte, gikk bort til henne og ba høflig om mikrofonen. Gurukvinnen kikket rolig opp på meg og ga meg - uten noe motstand - mikrofonen. Hun sa ingen ting. Jeg spurte om noen i salen talte engelsk, jeg trengte en tolk. En mann kom opp for å tolke og jeg begynte å tale til folket. Jeg forkynte evangeliet og brøt ondskapens makt på en enkel måte. Den ble brutt ved Jesu tilstedeværelse i oss, og vi trodde det.

Vi gjorde ikke noen alvorlige ”åndelige krigshandlinger”. Vi var **i Kristus** og **Kristus** med Sin natur **i oss.** Vi hadde en sterk, innarbeidet tro på det. Det er seierens utgangspunkt. Det er å stå med seieren i fronten mot fienden. Dette forløste autoriteten.

Båret ut

Noen av guruens livvakter kom og bar meg ut. Folk i salen ropte og ble urolige. Jeg gjorde ingen motstand. Bøkene jeg hadde med i tusentalls, ble delt ut. Seieren var vunnet i Jesu navn. Etter dette var jeg i gang over hele nasjonen med store korstog og skarene kom til Kristus og mirakler skjedde over alt. Dette var et eksempel på hvordan en åndelig krigføring foregår. Kristus i frihet i deg, som er fri. Da vil det automatisk begynne å bevege seg i ånden, med den autoritet og kraft som det da gjorde her. Overalt hvor jeg har møtekampanjer i verden, skjer nøyaktig det samme.

Satan og guruens nederlag
Satans nederlag var jo på Golgata kors, da Jesus gjorde Sitt forsoningsverk for hele menneskeheten. Virkningen fra Golgata slo til igjen her i Romania - 2000 år senere. Denne hinduistiske gurukvinnen forlot Romania og kom aldri tilbake. Jeg har fulgte litt med og har sett at denne guruen fortsatte rundt om i verden i mange år etterpå. Mange andre guruer av samme kaliber, arbeider igjennom satellitt-TV og har sine baser verden over. Dette behøver ikke vi å gi vår hoved oppmerksomhet til. Vår hoved oppmerksomhet går til Kristus og til den oppgaven Han har til oss i å fremme Hans gjenkomst. Du kan komme inn i det samme forholdet med Jesus Kristus, hvis du vil.

Dressa opp for seier

27 Kapittel

Herske blant fiender

Noen opplever en type fred i sin likegyldighet. Vår fred kommer ikke den veien. Heller ikke ved å bli så "åndelige" at vi ikke legger merke til problemer i det hele tatt. Vår fred kommer fra en tillit til Gud Faders kjærlighet. D er så stor, at tross all kamp og vanskeligheter i livets omstendigheter - **vet** vi at "Han som er i oss, er større enn han som er i verden". (1 Joh 4,4)

For å kunne føre effektiv, åndelig krig, må vi **forstå åndelig autoritet.** Åndelig autoritet er ikke å tvinge din egen vilje på andre. Når du har åndelig autoritet, har du **etablert Guds fred** på et område som en gang var fylt av konflikter og undertrykkelse. Derfor må vi først ha fred for å kunne bevege oss i sann autoritet. For å si det enkelt: **Det er i den grad du er overgitt til Kristus, i den samme grad vil Kristus stå frem i deg.** I samme grad vil **Guds fred og autoritet** være representert i ditt indre menneske - og virke gjennom deg. Du behøver ikke å gjøre noe med den saken. **Kristus gjør det gjennom deg.** Du trenger kun å være tilstedeværende og **tro** at slik er det. Det vil synes på deg og skje gjennom deg.

Apostelen Paulus sa: "Måtte fredens Gud snart knuse Satan under føttene på dere!" (Rom 16,20)

Når vi beholder freden midt i krigen, er det et knusende dødsslag mot satanisk undertrykkelse og frykt. Vår seier kommer aldri i våre følelser eller vårt intellekt. **Vår seier kommer ved at vi nekter å dømme etter det våre øyne ser** eller våre ører hører. Og ved at **vi stoler på at det Gud har lovet, vil komme til å skje.** Dette var nøyaktig det som skjedde i opplevelsene med den kvinnelige hinduguruen. På samme måte har det skjedd gang etter gang i alle år, i alle forskjellige situasjoner. Vi tror og følger sannheten.

Vi vil aldri fullt ut få kjenne Kristi seier, før vi slutter å reagere menneskelig på våre omstendigheter

Når du har sann autoritet over noe, kan du se på tingene uten engstelse, frykt eller bekymring. Din fred er bevis på din seier. Jesu seier over den voldsomme stormen

(Matt 28, 23-27), var utøvelsen og utvidelsen av Hans fred over elementene. Han kjempet ikke mot stormen, Han fryktet den heller ikke. Han stilte seg ansikt til ansikt mot dens raseri, og i fullkommen fred tvang Han den under Seg ved Sin autoritet. Hans Ånd utstrålte en ro som fullkomment representerte freden ved Guds trone. Satans våpenlager består av ting som frykt, bekymring, tvil, selvmedlidenhet osv. Dette har Satan gjort menneskeheten familiær med. Hvert av disse våpen, frarøver oss freden. Ønsker du å avsløre hvor fienden kommer imot deg? Der du **ikke har fred** i ditt nettverk av relasjoner, **der har du krig.** På den andre siden har du fred på alle områder der du har seier.

Jeg håper du er her - hvis ikke kan du komme hit

Når Satan slynger sine piler mot deg: Jo mer du vandrer i Kristi seier, jo mer fred har du i motgangen. Paulus sier at "vi ikke skal la oss skremme av motstanderen på noen måte. Dette er et varsel fra Gud selv - for dem om fortapelse, men for dere om frelse". (Fil 1,28) Din fred, **din ufravikelige forankring i Guds Ord, er et tegn på at du har inntatt den rette**

posisjonen, i fullkommen overlatelse til Guds vilje. Det faktum at du ”ikke lenger lar deg skremme på noen måte” av din motstander, er et tegn på at du har autoritet over ham.

28 Kapittel

Fredsstiftere er Guds sønner
Fred er en åndskraft. En fredsstifter, er ikke en som bare protesterer imot krig. Det er et menneske som i sitt indre er så overgitt til Kristus i ånd og hensikt, at han kalles "sønn av Gud". Der han går, går Gud - der Gud går, går han.
Han er fryktløs, rolig og frimodig. Freden stråler ut fra ham, på samme måte som lys og varme stråler ut fra flammene.

I livets kamp er din fred et våpen
Din **tillit** proklamerer i sannhet at djevelens løgner faller du ikke for. Du forstår at **det første skritt** på vei mot **åndelig autoritet** over motstanderen, er å ha **fred på tross av omstendighetene.** Dette skal jeg forklare litt nærmere.

Din Gudgitte autoritet
1 Det er kun det som er åpenbart for deg av Gud, du tror
2 Det du har tro for, har du autoritet over
3 Det du har autoritet over kan du bruke
4 Det du kan bruke, gir deg fred
5 Freden lar deg stå stødig i stormen

Fredens evangelium

Paulus sa: ”Ombundet på føttene med ferdighet til kamp, som fredens evangelium gir”. (Ef 6,15)

Dette betyr rent praktisk: Du står i fred midt i stormen. **Din fulle tillit er Guds Ords sannheter, ikke livets omstendigheter.** Da Jesus gikk imot djevelen, gikk Han ikke imot djevelen med Sine følelser eller i frykt. Han **visste** at djevelen var en **løgner,** og Han **nektet** ganske enkelt å la noen **annet enn Guds stemme, Guds Ord, ha innflytelse over Seg.** Hans fred overmannet djevelen. Jesu autoritet sprengte praktisk talt løgnen (!) - og demonene ble jaget på flukt.

29 Kapittel

Heksedoktorene på Zanzibar
Jeg hadde møtekampanje på Tanzanias kyst. Det var en spesiell årsak til det: For der var det mest okkultisme. Jeg ville ha et oppgjør med dette på Afrikas østkyst. Her var det at millioner av slaver ble transportert over til Zanzibar og videre til Sør-Amerika. Det ble et suksessfullt korstog, med seier for himlenes rike. Jeg skal ikke fortelle om denne kampanjen nå, men etter kampanjen sa jeg til brødrene at jeg ønsket å reise over til Zanzibar og ha kampanjer der. Da så brødrene på meg med frykt i blikket og sa: «Du må ikke reise dit. Gjør du det så skyter de deg. Ondskapen regjerer på Zanzibar». Da de fortalte meg dette, ble jeg enda mer nysgjerrig.

Jeg dro hjem igjen til Norge og begynte planleggingen for Zanzibar
Den første turen dit skulle være en undersøkelsestur. Jeg ville se på situasjonen der og hva som eventuelt kunne gjøres. Det å komme til Zanzibar var i seg selv ikke noen enkel sak. Det gikk et fly fra Mombasa, Kenya, og et fra Dar Es Salam,

Tanzania. Jeg fløy med begge disse senere, men akkurat da var det umulig. Det var kun en mulighet, nemlig en 30 fots åpen snekke, med jernrør som montert skjelett. Det var en liten dieselmotor i midten, pluss en som var "kaptein". Båten ble selvfølgelig fylt opp til randen med passasjerer. Sikkerhet var et helt ukjent ord. Jeg sto på kanten og holdt i et jernrør, innimellom fikk jeg sitte litt på kanten. Reisen tok en hel dag. Heldigvis var det rolig på hele overfarten. Dette var i Det Indiske hav.

Som Paradiset
Da jeg satte mine føtter på Zanzibar, var det første jeg kjente en veldig fred og harmoni. Dette hadde jeg ikke ventet. Jeg har skrevet ned min opplevelse om disse første inntrykk fra Zanzibar. Da jeg senere hadde møte med ministere i regjeringen, kom en minister til meg med et brev jeg skulle få. Han sa: «Dette skrev **David Livingstone** om sin opplevelse av møtet med Zanzibar, første gang han kom hit». Jeg tok imot brevet og takket. Da jeg leste brevet etterpå, var det omtrent identisk med det jeg hadde skrevet om min egen førstegangs-opplevelse av Zanzibar.

Zanzibars ledende heksedoktor

Jeg avtalte møte med heksedoktoren, en kvinne i 60-årene. Jeg ble overrasket da jeg ankom boligen hennes, hun hadde nemlig to livvakter. Dette var ikke helt hva jeg hadde forventet. Det ble derfor bare et «rolig» møte med henne. Da jeg kom inn i boligen og rakte min hånd ut for å hilse, var det som kvinnen fikk et slag i ansiktet. Hun ble kastet bakover. Hun kom seg opp igjen og begynte å gå langs veggene i huset, men våget ikke å komme i nærheten av meg. Jeg måtte bare si farvel på en høflig måte, og trakk meg så ut. Jeg våget ikke gjøre noen andre fremskritt på grunn av livvaktene som fulgte med. Det var over 100 heksedoktorer der på øya. De hadde en stor dominans. Folket gikk til heksedoktoren fremfor sykehuset.

Den første møtekampanjen i Zanzibars historie

Jeg hadde vært flere ganger på Zanzibar før det ble mulig å ha en møtekampanje der. Men så var vi i gang. Politisjefen ga meg ikke lov til å ha møtene i Zanzibar by, men jeg kunne ha dem litt utenfor byen. Han var redd for opptøyer skulle bryte ut. Jeg hadde med meg en stor gruppe nordmenn. De hadde gått på Bibelskole året før. De hadde alle fått sine oppgaver på øya og i kampanjen.

Samle de demonbesatte bak plattformen
«Gå inn i folkemengden, ta ut de demonbesatte - og samle dem bak plattformen når de begynner å skrike», sa jeg. Dette skjer alltid når jeg begynner å tale på slike steder. Demonene begynte å skrike, og kastet menneskene frem og tilbake omtrent med en gang jeg begynte å tale. Mine medarbeidere gikk inn i folkemengden og tok de ut i tur og orden. Alle ble samlet bak plattformen. Der lå de, skaket og skrek. Jeg sa til medarbeiderne: «Kast demonene ut og led dem i frelsesbønn». De satte i gang med sitt åndelige arbeid, som var helt ukjent for dem. En medarbeider kom bort til meg mens jeg talte, og hvisket: «Tenk om de angriper oss!»

Da svarte jeg: «Her på øya er det **Kristus i meg** som har **autoriteten** over en hver djevelsk aktivitet. Kjenner du ikke freden?» Jo, freden er helt utrolig sterk, på tross av alle demonene. Freden er som en masse, noe du nærmest kan ta på i luften. Når evangeliet om Jesus Kristus formidles av

”rene, overgitte kanaler ” med Kristi karakter, vil alltid freden være et gjenkjennelig element. Du vil kjenne Kristi tilstedeværelse som en energi fylt med fred.

Kapittel 30

En bærer av Kristi hvile
I Salme 23 erklærer David: "Selv om jeg går i dødsskyggens dal, frykter jeg ikke for noe vondt. For Du er med meg."

Det finnes en måte å vandre med Gud på som gjør at du rett og slett ikke frykter noe vondt. David satte sin lit til Herren i enhver omstendighet. Vi kjenner historiene om dette. David sa: "For Du er med meg." Fordi Gud er med deg, vil du få seier over enhver motstander du møter, når du bevarer din tro på Gud. David fortsatte: "Du dekker bord for meg, like for øynene på mine fiender." Kampen du er i, vil snart bli et måltid for deg. Det vil være en erfaring, som vil mette deg og bygge deg opp åndelig talt. Hvis du er det bevisst og du ønsker det, er det akkurat det som kommer til å skje. Det er i kampens hete, du vil vokse. Det er i kampens hete du må avlegge det som er åndelig destruktivt for ditt liv.
Du er i prosessen. Du er under av-kledning og på-kledning. Du blir **"dressa opp for seier."**

Kilden til Guds fred er Gud selv. Bare Guds fred vil kvele dine kjødelige reaksjoner i kampen.

Glasshavet
"Framfor tronen var det liksom et glasshav, lik krystall." (Åp 4,6)

Glasshavet er et symbol. Det finnes ingen riper, ingen bølger, ingen bekymringer som plager Gud. Herren er aldri uroet. Han har det aldri travelt, er aldri uten et svar. Havet rundt Ham er fullstendig stille - fullkomment rolig. All **vår seier** flyter ut fra **at vi sitter sammen med Ham her.**
Gud er vår Far. Du er Guds elskede barn, en del av Hans familie og medlem i Hans hushold. (Ef 2,19)
Gjennom åpenbaring til deg personlig, må du ha full overbevisning om at du en dag skal opp til himmelen. Du ble født inn der i din åndelige gjenfødelse. (Joh 3, 1-8) Du må slå deg til ro og finne din rette posisjon i ditt forhold til den
Allmektige. Til deg som er født på ny fra oven, sier Gud Fader: "**Sett deg** ved Min høyre hånd, til Jeg får lagt dine fiender som skammel for dine føtter!" (Salme 110,1.2)

Før du går ut i åndelig krig, må du innse at det ikke er deg djevelen er redd, han er redd Kristus i deg!
Vi er reist opp og satt med Kristus i himmelen. (Ef 2,6) Det er derfor Den Hellige Ånd stadig minner oss på at å tilbe Herren er vår første reaksjon på striden. Still deg selv i Guds nærhet. Sitt og **hvil** i kunnskap om at Kristus allerede har lagt dine fiender som skammel for dine føtter. Fra denne **hvileposisjonen** fortsetter Herrens Ord:

"Fra Sion reiser Herren ut din mektige kongestav. Du skal herske blant dine fiender!" (Salme 110, 2)

Hvile går forut for å herske. **Fred** går forut for kraft. Ikke prøv å herske over djevelen før du underlegger deg Guds herredømme over deg! Det er å la Jesus bli din Herre. **Jesus er aldri mer Herre i ditt liv, enn det skrevne Guds Ord er Herre i ditt liv, din rettesnor i alt.**

Brennpunktet i all seier
"Det er å **søke Gud inntil du finner Ham,** når du har funnet Ham, er det å **tillate Hans nærvær å fylle din ånd med Hans fred.** I

full sikkerhet ved Hans høyre hånd, hvilende i Hans seier, kan vi herske blant fiender."

Jeg forstår dette kan bli litt "svevende" for deg, men dette er sannheten. Den må erfares av deg personlig. Når du gjør det, vil dette være ditt daglige tilholdssted. Det vil være ditt tilholdssted når du bevisst går innfor Gud for å møte Ham i den åndelige verden. Men også ellers i din hverdags bevissthet. (Les min bok om bønn). Nøyaktig slik de nevnte Bibelsteder viser det intime forholdet med Herren i det himmelske, er akkurat slik jeg opplever det. Den fysiske forklaringen Bibelstedene forklarer, er akkurat slik det er. Det kan bli slik for deg også.

Det som er **nøkkelen** her, er **åpenbaringen**: Du må gripe det. Din vilje og tålmodighet må på banen. Dette er lang tid med **målbevisst** arbeid. Du skal læres opp av Herren personlig. Herren har lært meg opp personlig gjennom alle år.

31 Kapittel

I Herrens treningsleir
Husk alle de feil og nederlag vi opplever på veien, gir oss dyrebar lærdom. Ingenting av det vi går igjennom er unyttig. ”Herren vender alt til det beste for den som frykter og elsker Ham.”

Åpenbaringens hemmelighet
1 Det er kun det som er åpenbart for deg av Gud, du tror
2 Det du har tro for, har du autoritet over
3 Det du har autoritet over kan du bruke
4 Det du kan bruke, gir deg fred
5 Freden lar deg stå stødig i stormen

Hvordan få åpenbaringen?
Det er dette du trenger å forstå, men husk at overgivelsen av hele ditt liv til minste detalj, er en absolutt nødvendighet. Hvis ikke, får ikke Kristus kommet ut gjennom deg, skinne igjennom deg, åpenbare Seg gjennom deg med Sin kraft - på alle de måter som Bibelens løfter sier. Dette er det fundamentale i ditt liv, når du skal stå i Åndens kraft. Du har en personlighet som er Kristus lik.

Åpenbaringskunnskap
Det er en annen kunnskap, som er av en høyere verdi, med dypere innhold og innehar det evige liv: Det er åpenbaringskunnskapen. Denne type kunnskap er en frukt vi får ved et overgitt liv til Kristus Jesus. Den sanne forståelse er basert på Kristi liv i det indre, ikke på informasjon om Kristus fra det ytre. Fra det ytre går informasjon til hjernen, en del av vår personlighet. Forstår vi noe av informasjonen vi har mottatt? Vil vi trenge teologiske forklaringer på det? Noe som gir oss en menneskelig uttenkt forståelse av det? Her går informasjon fra det ytre til vår hjerne.

Indre
Her blir den skrevne informasjonen, Bibelens Ord, levendegjort ved Den Hellige Ånd i vår ånd. Videre blir det åpenbarte Ordet overført til vår hjerne. Det har gitt oss forståelsen av det vi leste.

"Men Talsmannen, Den Hellige Ånd, som Faderen skal sende i Mitt navn, Han skal lære dere alle ting, og minne dere om alle ting som Jeg har sagt dere." (Joh 14,26)

De praktiske forklaringene på hvordan motta åpenbaring
Jeg personlig lever i tre typer av åpenbaring/åpenbaringskunnskap. Disse deler jeg med deg nå, slik at du kan arbeide med å komme inn i det.

1 Åpenbaringskanal
Dette er den fundamentale og enkleste av åpenbaringene. Denne type begynner å komme ikke så lenge etter den nye fødsel. Det eneste nødvendige er å ha et hjerte som vil følge Jesus og at du setter i gang å studere Bibelen. Til å begynne med skjønner du omtrent ingen ting. Men litt etter litt, så kommer det forståelse på noen Bibelsteder for deg. Dette er åpenbaring, som gir åpenbaringskunnskap.

"Min sønn/datter! Akt på (fyll deg nøye og bevisst) Mine Ord. Bøy ditt øre til Min tale! (Forvent at Herren levendegjør og gir deg forståelse av det du leser, mens du leser. Gi deg ikke på det)."
(Ord 4,20-22)

La dem (Bibelens Ord) ikke vike fra dine øyne (studer, les, grunn på Bibelen alltid),

bevar Ordet dypt i ditt hjerte (Ha Guds Ord som ditt evige midtpunkt)!
For de er **liv** for hver dem som finner dem (får åpenbaring over Ordet), og **legedom** for hele hans legeme.

Dette er din første åpenbaringskanal. Adlyd Bibelen og lær. Bli
"dressa opp" for seier.

2 Åpenbaringskanal
Når du begynner å få en viss oversikt over Bibelens innhold, vil du begynne å oppleve noe spennende. Det er at skrift forklarer skrift. Dette er jo at Bibelens skrevne Ord åpenbarer seg selv til deg. Så igjen: Bli
"dressa opp" opp for seier.

3 Åpenbaringskanal
Denne åpenbaringskanalen er den kraftigste. Den involverer deg helt. Dette er åpenbaringskanalen som er hundre prosent nødvendig - for deg som har kallet til en sterk tjeneste. Her kommer opplæringen. Herrens arbeid med deg personlig.

Paulus sier: "At dere i Ham, i Kristus, er gjort rike på alt, på all lære og all kunnskap (her er det snakk om åpenbaringskunnskap)." (Ord 4,20-22) Likesom Kristi vitnesbyrd (martyrium) er blitt rotfestet i dere.

De Paulus taler til i Korinterbrevet, har tydeligvis blitt gjort rike på alt: På lære og åpenbaringskunnskap. Det forklarer nemlig verset under, at det er virkeligheten. Hvis du i det hele tatt skal kunne få Guddommelig forståelse og åpenbaringskunnskap med tyngde (som det her er snakk om), så må du gå hele veien personlig. Du må betale prisen for Guds kraft og åpenbaring i ditt liv, med ditt eget liv. Det står klart i vers 6, at ordet martyrium betyr fra gresk: En som legger frem håndfaste bevis om at det han taler er sant. Han er en bevisprodusent. Han produserer bevis i Jesu navn, som bevitner sannheten i det han vitner om. Tjeneste-utviklingen og den personlige utviklingen går hånd i hånd.

Dressa opp for seier

32 Kapittel

Har Gud gitt deg et kall - beveg deg mot tjenesten

Har Gud gitt deg et kall til en sterk tjeneste, så må du bare bevege deg i den retningen. Selv om alle andre sier nei. Jeg husker Herren kalte meg til helbredelses- og utfrielsestjeneste, læretjeneste og evangelisttjeneste. Det å få evangeliet ut til den verden som fremdeles ikke hadde hørt evangeliet, lå i bunnen for det andre og var det bærende elementet. (Mark 16,15) Jeg forsto ikke mye av tjenesten den gang, men jeg beveget meg mot den.

Disse tegn skal følge den som tror (Mark 16,17)

De overnaturlige tegnene skulle **følge**, (ikke komme **før**, eller mens du er helt **i ro**), men **følge** den som tror. Det som skal til for å få den personlige utviklingen i gang, er å gå fryktløst ut på, og stole på det skrevne Guds Ord. Guds arbeid på din personlige utvikling som et Guds barn, starter samtidig som du går ut i lydighet på Herrens Ord.

Ingenting begynner å skje - før du går i lydighet ut på Guds Ord

Ingenting begynner å skje før vi begynner å bevege oss, begynner å gå ut i Guds kall på våre liv. Du blir ingen Guds mann ved å sitte i sofaen og pugge teologiske teorier. Da jeg beveget meg ut i tjeneste, begynte øyeblikkelig utfordringen på mitt eget liv og min families liv. Dette gikk over mange år og vil fortsette så lenge man lever, da i forskjellig grad. Jeg godtok ikke annet enn at Guds Ord var rett. Deretter vandret jeg i tro på det, så langt jeg forsto det.

Motstanden var stor

Det var ingen forståelse for det jeg gjorde av andre, derfor heller ingen støtte. Alvorlige sykdommer hadde også begynt sine angrep på meg. Jeg arbeidet mye ekstra for å kunne finansiere alt jeg ville gjøre. Det ved siden av familiens økonomi, var hardt. Da jeg endelig kom ut i den tredje verden hvor jeg skulle betjene, måtte jeg selv finne alt av kontakter jeg trengte. Jeg måtte finne steder å ha møter, og steder å bo. Bosteder er også et kapittel for seg selv. Jeg har bodd på all verdens utroligste steder. Steder hvor andre ikke ville satt sine føtter. Så var det

avertering av møtene. Deretter var det å sette i gang med møtene.
Plattformer bygde jeg også selv ved enkelte anledninger. Og istandsettelse av meget primitive høyttaleranlegg. Plattformene var greie å bygge. Der brukte jeg fire tomme oljefat. Bandt de sammen med tykke reip. Fikk lagt kryssfiner-plater, eller andre typer plater, på toppen. Da var plattformen klar. I denne prosessen i u-land var det også mange andre utfordringer, blant andre religioner - og okkultisme. Heller ikke alle møter brakte de resultatene jeg ventet. Noen ganger virket det som Gud var langt vekk - og folket hånte meg. Jeg ble arrestert, banket opp og steinet. Jeg sto foran pil og bue - og foran gevær. Drapstrusler kom også flere ganger.

Den som gir seg, har tapt - og hjemmefrontens tvilere

Men jeg ga meg ikke. Møter kom i gang og det brøt igjennom. Mennesker ble frelst, helbredet, utfridd fra demoner, og menigheter ble startet. Jeg begynte på denne måten, helt fra starten av, mitt liv som kristen.
Da jeg kom hjem igjen og fortalte med begeistring om alt jeg hadde opplevd,

trodde mange av de kristne at jeg løy. Dette hadde de ikke vært borti tidligere, at Gud virket på en slik kraftig måte til helbredelse, utfrielse og til menneskers frelse. Det var motstand på alle mulige måter og fronter hele veien. Men jeg ga aldri opp.

Hva skjedde med meg i denne prosessen?
Jeg valgte å gi Gud rett i alle ting. I prosessen var det ingen menneskelig stimulans å spore. Men menneskelig motstand og negativitet var det mye av.

1
På grunn av minimal stimulans og støtte fra andre trossøsken, var det første som måtte skje i denne prosessen, at **røttene mine måtte søke vann i dybden.** Det gjorde at røttene festet seg grundig. Røttene gikk inn i mellom alle mulige ting rundt seg for å finne litt ”vann”. De festet seg så grundig, at det ble umulig å rive dem opp. Denne prosessen gjorde meg sterk i Herren.

2
Den andre tingen som skjedde, var at gjennom alle mine praktiske opplevelser i tjeneste for min Herre Jesu, fikk jeg praktisk førstehånds-kjennskap til den

Guddommelige åpenbaringen av Skriften. Jeg var der og kjempet. Og jeg var der når det skjedde - i tjenesten. Jeg ble sterkere og sterkere. Lyset i Ordet ble klarere og klarere. Åpenbaringene brant seg fast - og jeg ble mer avhengig av og glad i Gud Fader, Jesus min Frelser og Talsmannen Den Hellige Ånd - enn noen sinne. Trygg og sikker ble jeg, og kunne med frimodighet si: «Jeg vet på **hvem** jeg tror». Manifestasjonen av Kristus i meg, begynte å vokse. Det er med stor begeistring å se Kristus vokse i en. Det å se Guds Sønns karakter og natur vokse frem, det er en stor Guds nåde.

Paulus får dette frem på en fantastisk måte. Fra grunnteksten i Bibelen står det i dette vers «sønner», i den norske Bibelen står det «barn». Så det har jeg rettet på:

"For dersom dere lever etter kjøttet, da skal dere dø. Men dersom dere døder legemets gjerninger ved Ånden, da skal dere leve. For så mange som drives av Guds Ånd, de er Guds sønner. Dere fikk ikke trelldommens ånd, så dere igjen skulle frykte. Men dere fikk barnekårets Ånd, ved hvilket vi roper: Abba Fader!

Ånden vitner selv med vår ånd at vi er Guds barn. Men er vi barn, er vi også arvinger - Guds arvinger og Kristi medarvinger - så fremt vi lider med Ham, for at vi også skal herliggjøres med Ham. For jeg holder for at vår tids lidelser ikke er å akte mot den herlighet som skal åpenbares på oss. For skapningen lenges og stunder etter manifestasjonen/åpenbaringen av Guds sønner. Skapningen ble jo lagt under forgjengelighet - ikke godvillig, men etter Hans vilje som la den der under - i håp om at også skapningen skal bli frigjort fra forgjengelighetens trelldom til Guds barns herlighets frihet. For vi vet at hele skapningen til sammen sukker og er til sammen i smerte inntil nå. Ja, ikke bare det, men også vi som dog har Åndens førstegrøde, også vi sukker med oss selv, idet vi stunder etter vårt barnekår. Vårt legemes forløsning." (Rom 8,13-23)

Er ikke dette fantastisk! Kristus **i** oss, **gjennom** oss, til verden som er rundt oss.

33 Kapittel

Vær på vakt - den kalde kjærlighetens festningsverk

Blir din kjærlighet frodigere og mykere? Ser mennesker rundt deg den bedre nå enn tidligere? Eller har den blitt mer diskriminerende, beregnende, mindre tilgjengelig? Dette er av avgjørende betydning for ditt liv. Din kristendom er ikke mer ekte enn din kjærlighet. Har din evne til å elske blitt svekket, er et festningsverk av kald kjærlighet under bygging i deg?

"Fordi lovløsheten tar overhånd, skal kjærligheten bli kald hos de fleste." (Matt 24,12)

Det er et **voldsomt angrep** fra Satan på Kristi legeme i dag, på **menigheten**. Ja, på det verdensomspennende kristne fellesskapet. Det spriker i alle retninger, med alle mulige lærdommer. Det er noe for enhver kjødelig smak, presentert av Satans tankepiler. **Kjennetegnet** på et samarbeidende og **seirende felleskap,** vil

være dens **overgivelse til Kristus.** Da vil kjærligheten være naturlig og kraftig fremtredende. Du vil se og kjenne det øyeblikkelig. Sann kristen kjærlighet, eller Kristus i deg, vil utsettes for økende urettferdighet ved slutten av denne tidsalder vi nå er inne i. **Der er ingen åndelig enhet! Derfor heller ingen varig seier!**
En varig seier - som ikke finnes uten Kristi kjærlighet i og gjennom oss. Bitterhet karakteriseres av merkbar mangel på kjærlighet. Denne kalde kjærligheten er et demonisk festningsverk. I vår generasjon blir kald kjærlighet stadig mer vanlig. Dette stenger for en hver åndelig inngripen fra Gud. Det hindrer Kristi legeme (menigheten) å utføre sin oppgave. Hvis det finnes vedvarende og forherdet uforsonlighet i et menneske, eller i et fellesskap, har den demoniske verden uhindret adgang.

I Matteus 18,34 står det om den onde tjeners gjeld som ble slettet, men også om hans videre ukjærlighet. Det som skjedde med ham, var at han ble overgitt til de som piner (i den norske Bibelen, men fra gresk: Overgitt til de harde fangevoktere). **Skriften advarer** oss så klart og sier at **selv**

en liten bitter rot i et menneske, kan vokse opp og volde skade.

«Se til, at ikke noen bitter rot vokser opp og volder skade, og mange blir smittet ved den.» (Heb 12,15)

Bitterhet - den urealiserte hevn
I en verden der hardhet og ondskap vokser, er der uunngåelig at du før eller siden vil bli såret. Hvis du ikke reagerer med kjærlighet og tilgivelse, hvis du i din ånd holder fast på den gjeld overgriperen skylder deg, vil overgrepet frarøve ditt hjerte evnen til å elske. Umerkelig vil du bli som majoriteten av endetidens kristne, der kjærligheten har blitt kald.
Bitterhet er et klassisk symptom på den kalde kjærlighetens festningsverk.
Hvis du fremdeles bærer på uforsonlighet mot noen som såret deg, har du ikke bestått prøven. Heldigvis var det bare en prøve, ikke noe avsluttende eksamen. Takk Gud for muligheten som er gitt deg til å vokse i Guddommelig kjærlighet. Takk Ham for at bitterhet **ikke** har slukt hele ditt liv. Når du tar imot Guds kjærlighet og begynner å vandre i tilgivelse - river du faktisk ned

bitterhetens festningsverk og dens manifestasjoner av kald kjærlighet i ditt liv. Satan gjør alt i sin makt for å ta deg, men vi er årvåkne og tillater det ikke. Vi går kjærlighetens vei, Jesu Kristi vei med våre liv.

"Du skal elske din neste som deg selv." (Matt 12,28-31)

Du vil aldri være i stand til å elske et annet menneske, hvis ikke du først elsker deg selv.

De to typer egoisme:

Positiv egoisme
Når vi lever våre liv nær til Jesus i hengivenhet og overgivelse, vil en kjærlighet til oss selv naturlig komme frem. Det er en kjærlighet til deg selv, som gjør deg fornøyd med deg selv og livet. Denne type kjærlighet er hundre prosent nødvendig for deg å ha, for å være i stand til å kunne elske andre mennesker. Har du ikke den kjærligheten til deg selv, som gjør at du er fornøyd med deg selv og livet - vil det forholdet du har til deg selv, være det andre får fra deg.

Negativ egoisme

Den andre egoismen, er den som vil ha alt selv og ikke dele noe med andre. Dette gjelder ikke bare **ting,** men like mye det **å være best** alltid: Den som kan, den som vet, den som skal ha, den som er bedre enn, tenker kun på seg selv osv. Negativ egoisme har en stor sekk med negative ting. Den holdningen du har til alle disse negative ting, vil være det andre opplever at du er. Det er ikke lett å lure mennesker. Det er bare noe man tror man kan. Mennesker ser hvem du er, selv om du forsøker å vise noe annet.

Dressa opp for seier

34 Kapittel

Evne til å prøve ånder II
Jeg har skrevet en del om ånds-bedømmelse i en del bøker og belyst forskjellige sider av det. Her kommer enda en annen vinkling. Ånden vil tale gjennom drømmer, profetiske ord og visjoner. Men mesteparten av det som åpenbares, vil komme gjennom **vår evne til å oppfatte riktig.** Bibelen forteller oss at Jesus i Sin Ånd merket hva menneskene tenkte. Slik også med oss. Hvis vi ønsker å vandre i guddommelig ånds bedømmelse, må vårt syn på livet renses for menneskelige tanker og reaksjoner. Så her er allerede en vandring og prosess man må igjennom, for å komme til punktet med å bedømme ånder/prøve ånder.

Her er et hovedpunkt
Man kan ikke komme med en sann åndsbedømmelse, eller prøving av ånder, før vi har korsfestet vårt instinkt til å dømme. Ja, her er en vei å gå. Her er viktige detaljer i oss som må ut, og andre inn. Det tar lang tid å rykke opp med rot, alle de tankemønstre som ikke er plantet i den guddommelige jord av tro og kjærlighet til mennesker.

Det må vekk, før vi kan motta evnen til å bedømme det som er i **"Kristi forstand"** (1 Kor 2,16). Vi må først ha funnet Kristus, og Han må regjere i oss. Jesu kjærlighet og natur oppsummeres i Hans egne Ord: **"Jeg er ikke kommet for å dømme verden, men for å frelse verden."** (Joh 12, 47)

Åndelig bedømmelse, er nåde til å se inn i det usette

En kime av denne evne ligger i vår ånd i den nye fødsel. Den evnen utvikles etter hvert som vi utvikler oss i modenhet i Kristus. Noen får dette mye sterkere enn andre. Da er det snakk om en gave av nåde, bestemt for å bruke for Guds fullkomne plans gjennomførelse. Nemlig: Evangeliet til hele verden, så Jesus kan komme tilbake. Denne gavens hensikt er å se hvilken natur det tilslørte er. Men det første sløret som må fjernes, er sløret over vårt eget liv. Vi må se oss selv og graden av vårt eget behov. Evnen til å se inn i det som er utenfor, kommer ved at Kristus avslører det som er innenfor. Vi må først og fremst forstå våre egne behov for Hans nåde. Slik at vi ut fra den nåden kan betjene andre medfølende. I denne prosessen vil vi oppdage alt negativt i vår egen natur.

Vi må alltid ha klart for oss at **Kristi mål er å frelse, ikke å dømme.** Vi er kalt til å vandre på den smale, godt gjemte sti. Den sti som fører inn til den egentlige natur i menneskets behov. Hvis vi virkelig vil hjelpe mennesker, må vi huske å følge Lammet. Dette grunnlaget må legges riktig. Selviskhet er det ikke rom for. Skal du bedømme, kan du ikke reagere. For å makte det, må du gjøre deg blind for det som virker opplagt.

Mennesker vil kanskje reagere på deg, men du kan ikke reagere på dem
Forstår du? Kjøttet må dø. Ellers vil du ikke være brukbar i en oppgave som dette. Du må alltid forbli tilgivende av natur. Demonene du vil komme til å kaste ut, vil tale til deg med menneskers stemme, forkledd som mennesker.

Nettopp på dette grunnlag sa Jesus: ”Den som taler et ord mot Menneskesønnen, skal få tilgivelse.” (Luk 12,10)

Jesus var rede til å tilgi mennesker før de i det hele tatt hadde syndet mot Ham. Han visste at Hans oppgave var å gi livet for menneskeheten, ikke fordømme dem. Vi er ikke bare kalt inn i Kristi liv, men i Hans oppgave også.

Jesus sa: "Liksom Du har sendt Meg til verden, har Jeg sendt dem til verden." (Joh 17,18)

Vi er kalt til å dø, for at andre skal få leve

Før denne evnen kan utvikles, må vår kjærlighet utvikle seg så mye at tilgivelse blir vår normale holdning. Hvis Gud vil vise oss menneskers indre for å befri dem fra fangenskap, kan vi ikke reagere på det de sier. Når vår varhet blir mer lik Kristus selv, og menneskenes indre åpenbares for oss, kan vi ikke engang reagere på det de tenker.

Vil vi ikke vandre i guddommelig tilgivelse, vil vi bli offer for mange bedrag. Vi vil tro vi har gaven til å bedømme/prøve ånder, når sannheten er at vi ser alt gjennom sløret av en **kritisk ånd.** Vi må kjenne våre svakheter. For hvis vi er blinde for våre synder, vil det vi mener å avsløre i andre, bare være et speilbilde av oss selv. Det var dette Jesus underviste oss om da Han sa:

«Døm ikke, for at dere ikke skal bli dømt! For med den samme dom som dere dømmer med, skal dere dømmes. Og med det samme mål som dere måler med, skal dere måles igjen. Hvorfor ser du splinten i din brors øye, men bjelken i ditt eget øye blir du ikke var? Eller hvordan kan du si til din bror: La meg dra splinten ut av ditt øye? Og se, det er en bjelke i ditt eget øye! Du hykler, dra først bjelken ut av ditt eget øye, så kan du se å dra splinten ut av din brors øye!» (Matt 7,1-5)

Anger og omvendelse er å fjerne bjelken i vårt eget øye

Det er den **sanne begynnelsen til å se klart.** Det er mange som tror de mottar Herrens bedømmelse om det ene og det andre. Kanskje i noen tilfeller gjør de det - bare Gud vet**. Men mange dømmer rett og slett andre - og kaller det å prøve ånder/åndsbedømmelse.** Jesus befalte oss ikke å dømme. Den samme evige hånd som i Den Gamle Pakt skrev Loven på steintavler, skriver i dag Rikets lover på tavler av kjøtt. Ordet "døm" er akkurat like uforanderlig og endelig som Hans ti bud. **Det er for alltid og evig Gud som taler.**

Dressa opp for seier

35 Kapittel

Avsløre falsk prøving av ånder
Hvis du har noe svært viktig å fortelle en person, kan ikke den personen fortsette å gjøre noe annet mens du taler. Du ber om deres fulle oppmerksomhet. **Gud taler heller ikke til oss før vi setter ned tempoet,** kobler ut det vi holder på med (det kan være hverdagslige ting). Vi må gi Ham vår fulle oppmerksomhet. For å kunne vandre i sann åndsbedømmelse, idet å prøve ånder, må våre **hjerter være stille for Gud.** Vi må lære å lytte. Lære å lytte lærer vi i ensomheten med Gud. Dette tar lang lang tid, det kan ta år å få finjustert dette. Når du da er blant mennesker, trenger du ikke at alt skal være rolig rundt deg så du kan få lyttet. Det gjøres gjerne av personer som har behov for oppmerksomhet. Du har lært å lytte, **du er allerede finjustert, du tar inn signalene uansett.**

”Stans og innse at Jeg er Gud!” (Salme 46,11)

Avlutt strevet og vit

Vi kan ikke engasjere oss i åndelig krigføring uten først og fremst å være bevisst på Gud, og gjennom Ham bedømme fienden. **All sann åndsbedømmelse kommer gjennom en ånd som har sluttet å streve.** En ånd som selv i de verste prøvelsene i sin personlige kamp, **vet** at Herren er Gud.

Det finnes en "støysender" som hemmer vår evne til å bedømme:
Det er våre tanker og reaksjoner. De hindrer oss i å høre Gud.
Før det kjødelige sinnets motor er slått av, vil ikke sann åndsbedømmelse alltid være vår. Vi må dø fra personlige dommer, tanker om gjengjeldelse og selvmotivasjon. Jesus sa: "Jeg kan ikke gjøre noe av Meg selv. Jeg hører, og etter det dømmer Jeg." (Joh 5,30) Han hadde sluttet å streve. Vi må også lære å lytte til Den Hellige Ånds røst. Når vi slutter å streve, kan vi dømme og bedømme etter det vi hører.

"Og dette er min bønn, at deres kjærlighet må bli mer og mer rik på innsikt og dømmekraft." (Filip 1, 9)

Dømmekraft kommer fra overflod av kjærlighet. Overflod av kjærlighet er det som strømmer ut av oss til andre. Den er et **resultat av og motivert av langsiktig overgivelse; den er offervillig nestekjærlighet.**

Falsk og sann prøving av ånder/åndsbedømmelse
Det finnes en falsk åndsbedømmelse som er grunnlagt på mistillit, mistenksomhet og frykt. Du kan gjenkjenne **falsk** åndsbedømmelse på **kulden** som omgir den. **Falsk prøving av ånder** kan pakkes inn i en slags kjærlighet, men den har **ikke sitt utspring i kjærligheten;** den kommer fra kritikken.

Sann prøving av ånder/åndsbedømmelse er dypt rotfestet i kjærligheten.

"At Kristus må bo ved troen i deres hjerter, så dere rotfestet og grunnfestet i kjærlighet, må være i stand til å fatte med alle de hellige, hva bredde og lengde og dybde og høyde der er." (Ef 3,17.18)

Sann åndsbedømmelse ser **innersiden**, ikke det som kan bedra på yttersiden.

Falsk åndsbedømmelse ser **yttersiden** av et menneske eller en situasjon, og later som de kjenner innersiden. Deres dommer er falske fordi de ikke er overgitt til renselsen av Kristus gjennom det skrevne Guds Ord, Bibelen. Som igjen fører deg inn i situasjoner for **prøvelser som skaper renselsen i deg.**

Guddommelig åndsbedømmelse kommer fra guddommelige motiver. Guddommelige motiver er de som har sin rot i overgitt kjærlighet.

"Døm ikke etter det dere ser, men døm rettferdig!" (Joh 7,24)

Rettferdig dom er et direkte resultat av kjærlighet. Kjærligheten går forut for fred - og fred går forut for evnen til å registrere/fornemme i sin ånd. Uten kjærlighet og fred i ditt indre, vil din dom være altfor streng. Selv om ditt ansikt smiler. Det vil være for mye sinne i deg. **Falsk prøving av ånder**, er alltid sen til å lytte, rask til å snakke og rask til å bli sint.

Fred må råde i hjertet
Det ligger noe **anspent** under **falsk** åndsbedømmelse, en uro som presser sinnet til å felle en dom. **Sann** åndsbedømmelse kommer fra et **rolig** og **rent** hjerte, et som nesten overraskes over visdommen og nåden i Guds stemme. Husk at våre tanker alltid er farget av holdningene i vårt hjerte.

Jesus sa: "Det hjertet er fullt av, taler munnen." (Matt 12,34)

Han sa også: "Innenfra, fra menneskehjertet kommer de onde tanker."
(Mark 7, 21)

«De rene av hjertet… skal se Gud». (Matt 5, 8)

Det er fra sjelen, personligheten og ånden at munnen taler. Øynene ser, ørene hører og sinnet tenker. De samme sansene hvor vi tar ting inn i vår sjel, er de samme sansene vi slipper vårt indre ut gjennom.

"Bevar ditt hjerte, sjel og ånd, fremfor alt det som bevares; for livet utgår fra det."
(Ord 4,23)

Livet slik vi kjenner det har sitt grunnlag i vårt hjertes tilstand, vårt indre. Vårt hjerte, vårt indres tilstand, er viktig. Åndens gaver og evner kanaliseres der, før det kan presenteres for verden rundt oss. Er ikke vårt indre rett, vil ikke gaven være rett.

Når vårt indre er urolig, kan det ikke høre fra Gud

Derfor må vi lære å mistro de dommer vi feller når hjertet er bittert, sint, ærgjerrig - eller av hvilken grunn som gir rom for strid.

Bibelen sier: "La Krist fred råde." (Kol 3,15)

Kong Salomo skrev: "Bedre en håndfull ro, enn begge never fulle av strev og jag etter vinning." (Pred 4,6)

Hvis vi ønsker evne til å utvikle sterk prøving av ånder/åndsbedømmelse, må vi bli utfordrende rolige. En forventende sinnstilstand, ikke en passiv. En konsentrert venting på Gud. Åndsbedømmelse kommer fra vår følsomhet for Kristus i Åndens verden. (Les min bok: Bønn på dypet) Den kommer fra kjærligheten i vår motivasjon, fred i våre hjerter og en balansert og ventende holdning til Gud i sinnet. **Gjennom et liv som Gud har fått forberedt i denne grad, åpenbares evnen/gaven til å bedømme åndsåpenbaringer.**

Dressa opp for seier

36 Kapittel

Dressen er på.
De myndige Guds sønner

De myndige sønner, er de Guds barn som har fått Hans natur og karakter.
Det er et privilegium å bli kalt en Guds sønn. Men et enda større privilegium er det å bli kalt en etablert, grunnfestet-på-dypet Guds sønn. Få med deg de Bibelsteder jeg her nevner, de har mye verdifullt og tilføre deg også:

Romerne 8, 13-23: "For dersom dere lever etter kjøttet, da skal dere dø - men dersom dere døder legemets gjerninger ved Ånden, da skal dere leve.
For så mange som drives av Guds Ånd, de er Guds sønner (gresk grunntekst).
Dere fikk jo ikke trelldommens ånd, så dere igjen skulle frykte, men dere fikk barnekårets Ånd, ved hvilket vi roper: Abba Fader! Ånden vitner Selv med vår ånd, at vi er Guds barn.

Men er vi barn, da er vi også arvinger, Guds arvinger og Kristi medarvinger, såfremt vi

lider med Ham, for at vi også skal **herliggjøres** med Ham.

For jeg holder for at denne tids lidelser ikke er å akte mot den herlighet som skal åpenbares på oss. For skapningen lenges og stunder etter Guds sønners (fra gresk) åpenbarelse. Skapningen ble lagt under forgjengelighet - ikke godvillig, men etter Hans vilje som la den der under - i håp om at også skapningen skal bli frigjort fra forgjengelighetens trelldom til Guds barns herlighets frihet.

For vi vet at hele skapningen til sammen sukker og er til sammen i smerte inntil nå. Ja, ikke bare det, men også vi som har Åndens førstegrøde, også vi sukker med oss selv, i det vi stunder etter vårt barnekår, vårt legemes forløsning."

Disse vers er helt unike. Vers 14 gir en veldig bra forklaring på Guds sønner. Verset sier: Så mange som er drevet/ledet av Guds Ånd, de er Guds sønner. Dette er en tittel som Bibelen bruker mange forskjellige steder. Dette menes hunnkjønn som hannkjønn. Golgata-verket ga oss alt vi trengte som barn. Det trengs ikke noe tillegg. Verket er fullkomment. Vi har alt i Ham.

Men det er en prosess med modning
Bibelen henviser til det som ”en fornying av vårt sinn … og kom inn til manns modenhet, til aldersmålet for Kristi fylde.” (Rom 12,2 Ef 4,13) Tror du at du kunne bli et Guds barn, uten å bli det som er skrevet om her, som en Guds sønn? Du kan bli det. Paulus var et Guds barn - og utviklet seg til å bli en Guds sønn. Han gikk gjennom prøvelsene og frustrasjonene i sitt eget liv. Hør hva Paulus sier om saken:

”For vi vet at loven er åndelig. Jeg derimot, er kjødelig, solgt under synden.
For hva jeg gjør, vet jeg ikke; for jeg gjør ikke det som jeg vil; men det som jeg hater, det gjør jeg.” (Rom 7,14.15)

Den nye og den gamle naturen
Problemet er at Guds Ånd er i oss(vår nye natur, i vår nye skapelse) - **men** der er en gammel natur i oss også, i vår sjel. Den kriger imot den **nye** naturen, som er **Gud i vår ånd.** Paulus selv var i denne krigsposisjon, som vi så klart ser av overnevnte Bibelsteder.

Så snart vi er født inn i Guds familie, begynner kampen
Vi finner ut at kjøttet er mye sterkere enn det vi regnet med. Den Hellige Ånd i oss, begynner å åpenbare for oss, at den gamle naturen ikke vil samarbeide med den nye naturen. Derfor må den gamle naturen dø.

Paulus sier videre: "For dersom dere lever etter kjøttet, da skal dere dø; men dersom dere døder legemets gjerninger ved Ånden, da skal dere leve."
(Rom 8,13)

Vi ser klart at det her er en konflikt som må løses.

"De som er i kjøttet, kan ikke tekkes Gud."
(Rom 8,8)

Kjøttet og Ånden står hverandre imot
Vi ser at Herren lærer Paulus å fornekte kjøttet - og bli i Ånden. Han lærte også å bringe sitt kjøtt/legeme under lydighet. Han lærte å kontrollere sitt legeme. Han skjønte at det var umulig å vandre i kjøttet og

samtidig tekkes Gud. Når han var i Ånden, kunne han ikke tekkes kjøttet.

Kjøtt og Ånd - det finnes ikke noe "åndeliggjort" kjøtt

Disse to står imot hverandre fullkomment. Du kan **ikke være to steder samtidig.** Du kan **ikke være kjødelig og åndelig samtidig.** Mange mennesker har et "åndeliggjort" kjøtt. Vi kan møte mennesker som virker åndelige, fordi de taler åndelige ting. Men de er kjødelige og **tekkes ikke Gud.** Menneskets ånd produserer stolthet og arroganse. Det er ikke likt Guds Ånd. Du kan ikke bevege deg i Den Hellige Ånd og være kjødelig samtidig. Enhver som er følsom til Guds Ånd, kan merke disse forskjellene. Dette er prosessen Gud forsøker Guds barn å komme igjennom. Han vil ha ut alt av den gamle natur, så det bare er Gud igjen. Når du adlyder Gud og får Hans karakter og natur i deg - da oppfører du deg som Gud, og du blir henvendt til som en Guds sønn. Det første som skjer, er at du blir født på ny, du blir en ny skapning. Som den nye skapningen, får du innseglet på at du er Guds barn. (Ef 1,13) Her er du det lille barnet som må modnes. Nå er du på begynnelsen av vandringen mot modenhet.

Her er en åndelig og en kjødelig vei å gå
De som vil vandre i ånden må først bli født på ny. De som vil vandre i kjøttet, trenger ikke bli født på ny. Vi som er født på ny, trenger en dåp i Den Hellige Ånds ild og kraft. Vi trenger kraften til å utvikle oss til å bli det Gud har kalt oss til å bli.
De myndiggjorte Guds sønner, er hovedsakelig de som har **vokst opp til modenhet.** Gud presenterer dem til verden som **Sine sønner, med Hans karakter og natur som gjør jobben.**

"Men om noen ikke skjønner det, så får han la det være." (1 Kor 14, 389

Du kan få mer visdom etter å ha lest denne boken, hvis du vil - og hvis du har bestemt deg for å søke Guds sannhet. Hvis du har bestemt deg for å stikke hodet ned i sanden, lyve til deg selv, høre på andres løgner, vil ikke denne boken hjelpe deg. Du vil bare fortsatt tro løgnen. Du må eksaminere ditt hjerte og spørre deg selv om du ønsker sannheten. Satan har allerede etablert løgnen.

Ikke mange kommer til modenhet
Jeg gir deg her to vers som ikke er til å misforstå. Det er Jesus som formaner til selvfornektelse:

"Om noen kommer til Meg og ikke hater sin far og mor og hustru og barn og brødre og søstre, ja endog sitt eget liv, han kan ikke være Min disippel.
Og den som ikke bærer sitt kors og følger etter Meg, han kan ikke være Min disippel." (Luk 14, 26.27)

Dette er harde ord, noe ikke mange klarer ta imot i dagens samfunn. I stedet blir det sett på som dåraktig tale. Jeg tror at de fleste som har hatt en radikal omvendelse til Herren Jesus, har opplevd noe (kanskje mye) motstand mot sitt nye liv. Vi går over fra mørket til lyset, fra Satans makt til Guds makt. Det skjer en gjennomgripende forvandlig i et menneske som blir født på ny, et menneske som blir en ny skapning. Det er helt klart at de som ikke er på Guds side i ditt nærmiljø, kan komme til å reagere. Det er helt naturlig at det blir en reaksjon.

Det er rart hvis det ikke blir det. Mørke og lys har ikke samfunn med hverandre. Enten er det lyst, eller så er det mørkt. Jeg opplevde også reaksjoner fra min nære familie, på akkurat samme måte som jeg her snakker om.

Du kan ikke dra i åk med vantro
"Dra ikke i fremmed åk med vantro! For hva samfunn har rettferdighet med urett, eller hva samfunn har lys med mørke?" (2 Kor 6, 14.15)

Vil du gå helt med Gud, kan vi ikke som Bibelen sier: "Dra i åk med vantro". Det blir et helt naturlig skille mellom verdens ånd og den Ånden vi (som gjenfødte) nå har fått. Dette er helt nødvendig for din åndelige utvikling. Hvis ikke blir det ingen utvikling.

Vi må lære kjenne Jesus på dypet av vår ånd
Hvis Gud den allmektige har ordinert deg og lagt Sin hånd på deg, og du fungerer i den oppgaven Han har kalt deg til - da **vet** du, at det er det som gjør deg til en tjeneste.

Vi har for mange som erklærer å ha en stilling de ikke har.
Et problem blant dem som kaller seg kristne i dag, er at de ikke kjenner Jesus. De vet ikke hvordan Han er, fordi de ikke bruker tid sammen med Ham. Når dette er problemet, skjønner vi godt hvorfor situasjonen er som den er.
Vandrer vi bevisst i det åndelige, lærer vi Herren å kjenne. Vi ser Ham og er i stand til å forstå Hans karakter og natur. Så fort vi gjør dette, er det ikke vanskelig å finne ut om vår karakter passer inn med Hans. Vil Herrens «dress» passe deg? Jeg håper virkelig at du er klar til å bli «dressa opp til seier».

37 Kapittel

Det er ikke et gavedryss

En gave av nåde er oss gitt - etter det mål som Kristi gave måles med.
(Ef 4,7)

De åndelige gaver, tjenester og nådegaver
(1Kor 12,1-10)

Det er Herren selv som ga oss disse forskjellige tilmålte gaver av nåde. Vi kaller dette for **nådegave**. Dette har blitt et standarduttrykk. Jeg tror ikke vi har gått dypt nok inn på betydningen av dette ordet. Det bare brukes som et "merke" på å ha en "nådegave". Vi påberoper oss ofte å ha så og så "nådegave". Det samme gjelder ordet **"tjeneste**". Vi kan ofte høre uttrykket: Hvilken tjeneste har du?" Dette er meget umodne uttalelser.

Nådegave
La oss se på disse to ordene. La oss først definere ordet "nådegave" som vi bruker. Definisjonen er enkel, det er **en gave som**

Herren vil virke igjennom oss av nåde. I 1 Korinterbrev 12 står det forskjellige benevnelser på utrustningene. Det står absolutt ikke bare "nådegaver". Det står om de **"åndelige gaver"**. Det er forskjell på nådegaver, og det er forskjell på tjenester.

Tjeneste

Utrykket "tjeneste" brukes også hyppig av kristne Videre står det at det var Han som "ga oss noen til…" (Ef 4,11) Ordet **tjeneste** blir brukt i kapitlet om de åndelige gavene i 1 Korinterbrev 12. Uttrykket **å tjene** menes: tjene, hjelpe andre mennesker, ikke fokusere på seg selv og sitt ego. Her igjen "tjeneste", som betyr å tjene. I Efeserbrevet 4,11 nevnes **gaver** som er gitt etter **Kristi mål av nåde.** (v.7)

"Nådegaver"

Åndelige gaver, nådegaver, tjeneste - "gis enhver etter det som er gagnlig". Benevnelsen "nådegaver" nevnes kun angående helbredelse. Ellers ser vi flere forskjellige benevnelser angående åndelige gaver i 1 Korinterne 12.

Vi må forstå og erkjenne i ydmykhet at alt dette er gitt av nåde.
Det betyr at vi **ikke** kan gjøre **krav** på disse ting, eller **eie** disse ting. Vi kan ikke disse ting. Derimot vil de **virke igjennom oss** slik Herren vil.

For at det skal skje, må vi oppfylle Herrens kriterier.
Det er et overgitt liv til Ham, slik Skriften sier det skal gjøres. Da vil det lede vårt liv i en åndelig vekst fra barn til sønn. Sønn er den bevisste, trygge posisjonen og viten om hva man har i Kristus, og hvem man er i Kristus. Et etablert, bevisst utprøvd liv, som leves sunt - i Kristus.

"Oppgaven"
Angående oppgavene i Efeserne 4,11, er ikke ordet tjeneste nevnt. Men ordet "tjeneste" blir alltid brukt om disse oppgavene. Husk igjen hva ordet å tjene betyr - og lev det ut. Tjen andre i ydmykhet, med det den Herre Jesus Kristus lar virke igjennom deg. Det er viktig å få med seg fra vers 13, hvor det står skrevet: «For at de hellige kunne bli fullkommengjort til tjenestegjerning … til Kristi legemes oppbyggelse».

Å tro man har ting man ikke har utviklet seg i, er farlig

Det å påberope seg å ha en oppgave som en av de fem nevnt i
Efeserne 4, 11, **uten å ha fått utviklet sitt åndelige liv og sin karakter til modenhet,** er farlig. Det er ødeleggende for en selv. Men viktigst er at det blir ødeleggende for dem som hører vedkommende. Det er så mange umodne under våre talestoler. Da er det så lett å ta alt som serveres for "god fisk". Da kan du tenke deg resultatet, når det som serveres er "dårlig fisk".

Når det gjelder det vi kaller "nådegaver", er mye det samme.

Man kaster seg i stolthet og arroganse inn i disse ting. Det som ofte skjer, er at andre mennesker blir skadet, fordi man eksperimenterer med "nådegaver". Tror man. Herren lar ikke eksperimenter skje. Det blir i stedet som et teaterstykke.
Her er det andre krefter som kommer inn på banen - fra den andre siden, i åndens verden. Vi blir fort manipulert, hvis vi søker **opplevelsene** fremfor **Han** som gir dem. Tjen Herren alt du kan, av hele ditt hjerte. Ikke påberop deg å ha noe som helst.

Vær en disippel, da **har** du alt **i Ham,** Jesus! Lev ditt liv i ydmykhet.

Få med deg hva Jesus sa til disiplene: ”Når dere går av sted, da forkynn dette budskap: Himlenes rike har kommet nær!” (Matt 10,7.8) Helbred syke, oppvekk døde, rens spedalske, driv ut onde ånder. For intet har dere fått det, for intet skal dere gi det.

Når Herren begynner å virke kraftig igjennom deg, etter som du har utviklet deg med Ham, sier du aldri at du **har** noe som helst. For du vet at ved Guds store nåde og godhet, vil **Han** også **bruke deg**. Det svake kar du forstår at du er, og den **store Herre** og Gud du vet at du **har.**
Er du klar for kampen, er du **”dressa opp for seier”.**

38 Kapittel

”Dressa” opp for seier - Fra verden rundt

Rasgrad, Bulgaria
Jeg hadde akkurat avsluttet et korstog på ishockey-stadion i Sofia. Her kom TV-team fra nabolandet, og journalist og fotograf fra den internasjonale avisen «Guardian», for å dekke møtene. De ble sendt på TV til flere av de omliggende nasjoner. Også aviser dekket møtene og nådde mange land. Dette var ganske **raskt etter jernteppet hadde falt.** Jeg var første mann inn med evangeliet i dette landet også. Det var på en måte en **sensasjon at evangeliet kunne forkynnes uten myndigheters motstand.** Ti tusener samlet seg på møtene i alle byene jeg kom til. I Bulgaria var vi oppe i førti tusen mennesker på det meste. Det er store folkemengder.

Jeg dro til den ”mørke” byen i Bulgaria, Rasgrad. Dette var byen hvor pasientene kom fra sykehuset i sykehustøy for å bli helbredet. Jeg hadde fått leid et stort friluftsområde ved siden av et sykehus. Den plassen ble ofte brukt til forskjellige aktivitet. Tivoli og sirkus var jevnlig der. Denne uken hadde jeg leid området. Høyttaleranlegg fikk jeg leid (av alle rare steder) på et postkontor. Teamet mitt hadde vært i Rasgrad og gjort i stand alt til møtene. Da jeg ankom byen, hadde mennesker fra tidlig morgen kommet til området. Et knippe mennesker gjorde også krav på å bruke området de samme dagene.

Makt-autoritet
I Øst Europa, og nå her i Bulgaria, har det vært en helt annen forståelse av autoritet og lydighet, enn for eksempel i Norge. I Norge gjelder loven, vi kan bruke advokater for å løse tvister og uoverensstemmelser, eller det kan gå via rettssystemet. Her i det nyåpnede landet fra kommunismen, var det annerledes. Her gjaldt rå makt. Dette må takles som en kristen. Utfordringene var store. Mange tusen mennesker var allerede samlet. Nå måtte det handles. Jeg gikk rett opp på plattformen og talte kraftig ut i mikrofonen. Jeg sa: Jeg tar området denne uken, i Jesu navn. Jeg sa det flere ganger. Hele folket begynte å rope og klappe.
De som sa de skulle ha området, ga seg.

Vi gikk i gang med møtene. Etter disse kraftige proklamasjonene i Herrens autoritet, i tro og i Hans navn, hadde området blitt tatt for Kristus den uken.

Åndens autoritet hvilte over området
Jeg holdt ingen ”tale” i det første møtet, jeg bare ledet folket inn i det Herren kom med. Det ble en flott fremvisning av Herrens allmakt. Masse mennesker ble først helbredet. Så betjente jeg dem som var bundet av demoner, og det var mange. De stormet frem til plattformen, la hodet ned på plattformkanten og sto helt stille, helt til de ble utfridd. Dette var et underlig syn. Og til slutt invitasjon til frelse. Tusener ga sine liv til Jesus allerede i første møtet. Dette var noen fantastiske opplevelser. Mange pasienter fra sykehuset bak møteplassen, kom i sine sykehusklær for å bli frelst og helbredet. Flere vitnesbyrd om helbredelser ble gitt av disse pasienter etterpå. Her var det sant lys i mørket. Den mørke byen lysnet. Lyset fra Kristus hadde kommet. Det var ingen som trodde det ville være mulig i denne byen. Men alt er mulig for den som tror. Den åpenbarte troen er døråpneren til Herrens herlighet. Vi kom til byen **”dressa opp for seier”**. Og seier var det.

Dressa opp for seier

Kystbyen Varna

Her leide jeg en kjempestor, innendørs hall som var brukt til VM i vektløfting. Den hadde sitteplasser til 15.000 mennesker. Første kvelden var det 12.000 til stede. Benkeradene gikk skrått oppover rundt midtpunktet. Her var det også mange bibelskole-studenter med. De satt allerede inne i hallen på høyre side av plattformen. Jeg var bak plattformen og hadde de siste samtaler med Herren før jeg gikk inn. Dette var spennende, og tok en liten titt igjennom forhenget bak plattformen. Det var nesten fullt i salen. Så gikk jeg inn i salen på høyre siden av plattformen, forbi Bibelskole-studentene og opp en trapp på plattformen. Jeg åpnet møtet med å synge en sang, og fikk hele folket med. Folk var åpne. Forventningene kunne tas og føles på. Alle møtene hadde et voldsomt nærvær av Den Hellige Ånds kraft. Dette gjaldt for øvrig alle møtene jeg hadde i hele nasjonen.

Dåp i Svartehavet
Etter det siste møtet hadde vi dåp i Svartehavet. Masse mennesker kom for å døpes. En fikk igjen hørselen, da han ble døpt. En annen ble døpt i rullestolen. Et spekter av forskjeller ved dåpen. Det var som en blomst som åpnet opp alle sine blader: Ingen var helt like, men alle var fantastiske. Dette var helt overveldende. Det ble sunget, bedt og jublet - hele tiden. Der ute i det nydelige været under dåpshandlingene.

Baby helbredet fra ryggmargs brokk
Jeg hadde bare ett møte på Sørlandet denne gangen. Møtet ble holdt i et lokale midt i byen. Det var ganske mange mennesker som hadde kommet, men det var ikke fullt. Jeg sto fremme ved talerstolen og pratet med noen før møtet begynte. Da kom et ungt ektepar inn døren med barnevogn. De hadde fått baby 6 måneder tidligere. Da faren så meg, kom han opp til meg i full fart og sa: «Kan du be for babyen vår?» «Ja, det er klart», sa jeg, og ble med ned til vognen og moren, som sto like innenfor inngangsdøren. Moren tok dynen av babyen, tok av en bandasje og viste meg og sa: «Babyen har ryggmargsbrokk.» Det var

et sprikende stort, åpent sår. Jeg sa: «La oss be», og la hånden ned mot såret uten å berøre det - og befalte ryggmargen å leges der og da i Jesu navn! Etter den korte bønnen tok jeg vekk hånden - og alt var borte. Åpningen i ryggen hadde grodd sammen! Et øyeblikkelig mirakel skjedde da vi ba. Da strømmet folket til, og den videre gangen i møtet skjønner vi ble bra.

Struma helbredet over SMS (på mobil telefonen)

Jeg fikk en SMS fra en mann som skrev: «Min kjære har en utover groende struma, kan du be for hennes helbredelse». Jeg ba over dette og sendte SMS tilbake. Etter 30 minutter kom svar: «Strumaen har blitt mye mindre!» En time etter dette kom igjen en SMS som lød: «Nå er strumaen helt vekk!» Her ser vi klart at Gud ikke er avhengig av verken tid, avstand eller tilstedeværelse. Den Hellige Ånds kraft virker i åndens verden - en verden uten jordiske begrensinger. Lykkelig var kvinnen som var blitt helbredet.

Svulst på størrelse med et egg i det ene brystet

Jeg hadde fantastiske møter i Varna, Bulgaria, med 12 000 på hvert møte. Der i et av møtene kom en pastor fra en naboby som het Plovdiv. Han lurte på om jeg kunne komme og tale på et møte i et teater i byen hans. Jeg sa ja til det, så teamet og jeg reiste opp dit for møtet etter at korstoget var ferdig. Den byen lå 10 mil unna. Her var det overfylte lokaler. Ryktene hadde gått fra Varna. Etter massebønn for syke i slutten av møtet, kom 2 kvinner til plattformen. De var venninner i 40 årene, og den ene av dem hadde en svulst på størrelse med et egg i det ene brystet. De kom frem og fortalte: Under forbønnen begynte plutselig brystet å klø og ble veldig varmt. Kvinnen trodde noe mer galt hadde skjedd og tok da og kjente på det. Til hennes forbauselse var hele svulsten forsvunnet!

Dette underet spredde seg som ild i tørt gress. Det gjorde sitt til at noen måneder senere avholdt jeg et korstog også i denne byen.

Helbredet fra knekt skulder i Stara Zagora, Bulgaria

Jeg kom til byen kl.10.00 på formiddagen, rett fra en uke med møter i Sofia. Vi fant frem til lokalet vi skulle ha møtene i, for å ta en liten kikk. Det var et teater som tok 1000 mennesker. Plutselig kom pastoren i byen løpende ut av teateret: «Her er det helt overfylt!» ropte han, «du må komme inn og tale med en gang». Dette var overraskende, for det var på formiddagen og første møte skulle begynne på kvelden. Men et møte ble det også nå på formiddagen. Denne dagen ble det to møter. Det neste møtet var kl.19.00.

Formiddagsmøtet med forventning til taket

Jeg kom inn i det overfylte lokalet. Forventningen kunne kjennes i luften. Folk klappet da de så meg, de hadde ikke regnet med at jeg dukket opp nå.
Etter en liten introduksjon og en sang uten musikere (de hadde ennå ikke kommet, forståelig nok..), fortalte Thomas, min organisator og møteleder fra Norge, litt om miraklene som hadde skjedd i Sofia først. Etterpå var det min tur. Talen ble ikke på mer en 20 minutter. Åndens kraft til

helbredelse og utfrielse fra demoner var så sterk i lokalet, så det var bare å gå i gang og be. Mengdevis av helbredelser skjedde - og så langt som vi forsto omvendte og overgav hele salen seg til Kristus for å bli født på ny. Det er et under jeg her vil nevne spesielt.

Den knekte skulderen

Det var en 40 år gammel mann der som var bygningsarbeider. Han hadde vært på jobb på morgenen, men hadde falt ned av stillaset og brukket den ene skulderen. Han ble fortalt om møtene som skulle være, så han ble tatt med til teateret. Ryktene fra Sofia hadde nådd byen, alle helbredelsene og undrene som hadde skjedd. Arbeidskolleger dro tidlig til lokalet for å få god plass til den skadde bygningsarbeideren. Men det var nesten fullt allerede da de kom, men plass midt inne i salen fikk de. Da jeg ba massebønnen til helbredelse denne formiddagen, spratt bygningsarbeideren opp og ropte alt han orket: «Jeg er helbredet, jeg er helbredet». Han kom opp på plattformen og vi bøyde og tøyde skulderen frem og tilbake etter alle kunstens regler. Skulderen var helt fin! Det var en voldsom jubel og glede i forsamlingen. Jesus hadde kommet til byen med sin kjærlighet og kraft. Jesus var her til og med **før** de annonserte møtene.

Møtene i Sala Olympia, Romania
Møtene i byen var planlagt lenge i forveien. Dette var byen hvor revolusjonen hadde sin ringe begynnelse. Det var her i et folkemøte med diktatoren at en kvinne sto opp og ropte til ham: «Du lyver, du lyver!» Sekuritate, diktatorens livgarde, skjøt vilt inn i folkemengden. Mange ble drept. Diktatoren "rømte" av sted til Bukarest. Få dager etter, var han og hans kone henrettet. Revolusjonen kom som en overraskelse på alle. Det var starten.
Jeg kom fra Jugoslavia (som det da het) til Bukarest, bare få dager etter henrettelsen av diktatoren, sammen med min venn Kjell Martinsen. Vi kom flygende inn med et småfly. Vi kjente på en måte at det lå krig i luften. Det var ingen tollere som tok oss imot på flyplassen, vi gikk rett inn i landet. Vi fikk overnatting på hotell Aten Palace, hundre meter fra der diktatorene hadde sine kontorer i regjeringsbygget. Noe av det første som ble oss fortalt, var at himmelen ble blodrød over hele landet da diktatoren og kona ble henrettet. Det ble fortalt av vitner fra alle deler av landet.

Møte med kriseregjeringen

Lederen for mafiaen i Romania ble vår hjelper inn i kriseregjeringen. Han tok oss til bygget hvor de var, dagen etter vi ankom. Der var det tankser og væpnede soldater rundt hele bygget. Vi gikk rett mot dem, og forbi soldater og tankser. Jeg sa til Kjell: «Ikke se noen i øynene, bare gå på». Som sagt så gjort. Vi kom helt frem til den store døren i bygget. En offiser kom og tok oss i mot og spurte hva vi ville. Vi fortalte at vi ville møte kriseregjeringen. «Et øyeblikk», sa han. Han kom tilbake etter en stund og vi ble da ledet inn i et møterom sammen med ministrene i kriseregjeringen. Her satt vi altså i møter med kriseregjeringen i utenriksdepartementets bygg i Bukarest! Vi kom før noen utenlandsk diplomat hadde rukket fram. Vi var der som **diplomater fra himlenes rike.** Vi fikk igjennom noen saker også mens vi var der. Dette kan leses om i noen av mine andre bøker.

Møtene i Sala Olympia og gutten som fikk igjen tennene

Her var det med 20 stykker fra Norge, som jeg hadde undervist på Bibelskole. De satt og noterte flittig ned alle helbredelser og utfrielser fra demoner som skjedde. Mange tusen ble frelst i møtene. Helbredelser skjedde det så mye av, at det ble vanskelig å telle. Dette jeg nå forteller, er et mirakel. Jeg hadde aldri før opplevd noe liknende. Det var en ung gutt med veldig dårlige tenner. Han satt nede i salen og ba til Jesus om nye tenner, under fellesbønnen. Plutselig kjente han varme i munnen - og alle tennene ble nye! Han kom frem og viste meg dem. Og folket jublet! Jeg hadde ikke bedt for ham, heller ikke snakket om at det gikk an å få nye tenner. Men under talen min, så **hadde Gud gitt ham tro for det.** Resultatet kom meget overraskende - og svært gledelig - på meg.

lMitt første møte med Satan og onde ånder i Afrika

Da jeg hadde jeg vært frelst i 3 år, og var bare en ung gutt på 22 år, hadde Herren allerede undervist meg mye gjennom praktiske erfaringer og studier av Bibelen. Både om helbredelse- og utfrielsestjeneste. Så på en måte var jeg litt forberedt for mitt første møte med Afrika. Det første møtet hvor jeg skulle tale, var i Meru, Kenya. Dette ble starten på min verdensvide tjeneste - som ikke stopper før jeg reiser hjem til Herren (eller at Han kommer igjen). Dette var i 1976.

Ilddåpen i tjenesten

Jeg gikk ut på plattformen, det var nok rundt 1000 mennesker til stede. Jeg hadde laget en liten preken jeg kalte " Kraften i Guds Ord." Jeg talte så godt jeg kunne. Etter talen ba jeg for alle syke på en gang. Da, uten varsel, begynte de onde ånder å manifestere seg i mennesker rundt i folkemengden. Mange ble fri bare ved å være i Den Hellige Ånds nærhet. Og nær en tro på den **kraften** som er i Den Hellige Ånd, på grunn av hva Kristus gjorde for oss på Golgata. Det er visse ting som må være på plass for at manifestasjonene og reaksjonene fra Satan og de onde ånder skal komme.

Aktiv tro på det fullbrakte verket
Aktiv tro på det fullbrakte verket Kristus gjorde, er nøkkelen til Den Hellige Ånds tilstedeværelse og manifestasjon. 3 år tidligere hadde ikke frelsen, eller et liv som dette, vært i min tanke i det hele tatt. Livet mitt hadde sannelig blitt nytt!
Etter dette første møtet, ble det mange møter rundt om i Øst-Afrika i en hel måned. Over alt skjedde det samme: De onde ånder kom ut, uten at jeg la hendene på mennesker, eller ba spesielt for dem. Troen på Den Hellige Ånds krafts nærvær og Guds Ord, Bibelen, brakte resultatene.

"Grunnfestet og rotfestet i Meg"
Herrens virkeligheter ble bare sterkere og sterkere gjennom personlig erfaring av at Bibelens løfter fungerer. I et av møtene med ca 400 mennesker til stede, ba jeg en bønn for alle under ett. Da falt hele forsamlingen til bakken, og onde ånder kom ut av mange plagede. Her kom også de første engleåpenbaringene, som det også har vært en del av. Nå hadde jeg begynt å oppleve **noe** av Det Nye Testamentets virkeligheter. Og jeg var klar for mer.

Utdypning
Dette er en mer standard åndelig opplevelse ved proklamasjonen av Jesu forsoningsverk. Da kommer gjerne demonene ut **før** jeg begynner å tale. Det er ikke en demon som kan stå seg imot Jesu Kristi forsoningsverk, og med trykk på Jesu Kristi dyre blod. De **må ut,** selv om de ikke vil. De er som små barn, de vil ikke gi seg, enda de vet de må.

Helbredet igjennom TV i Uganda
Ugandisk TV tok imot meg på flyplassen da jeg kom. Det ble nok en samtale de sent vil glemme. Gud begynte øyeblikkelig å arbeide. Jeg ba alle som så direktesendingen, som var syke, om å ta på TV-apparatet. En seer som var lam i armene, la hodet ned på TV-apparatet hjemme i huset sitt - og opplevde øyeblikkelig helbredelse! Jeg hadde ikke mer enn kommet av flyet, før miraklene begynte å skje. Det er så fantastisk. Når det skjer slik som her, behøver man ikke si at det er Gud som gjør det. Det forstår alle, selv den største hedning! Selv om vedkommende **ikke vil** tro det, men det er noe helt annet.

Skygge-helbredelser, Uganda

I Det Nye Testamentet leser vi klart og tydelig at mennesker ble helbredet, bare skyggen av Peter falt på dem (Apg 5,15). I det store korstoget jeg hadde i Kampala, Uganda, hvor mirakler skjedde i mengdevis kveld etter kveld - og vitnesbyrdene fra plattformen ingen ende ville ta. Da bestemte jeg meg for å gjøre noe jeg ikke hadde gjort før: Jeg ville gjøre som Peter. Da hans skygge kom på folket, ble de helbredet. Jeg fikk satt opp lyskaster som en av brødrene styrte. I slutten av møtet, da tiden var inne for å be for de syke, annonserte jeg "skygge-helbredelse" i Jesu navn. Broderen svingte lyskasteren slik at min skygge falt på folkemassen - og helbredelser begynte å skje over alt. Mennesker strømmet til plattformen for å fortelle at de ble helbredet i det øyeblikket min skygge nådde dem. Dette opplevde jeg som å ta begrensningene enda lenger vekk fra umulighets-tenkning, og enda lengre inn i tenkningen om at **alt er mulig for den som tror.** (Mark 9,23)

Overfylt plattform med klær - og salveoljen fløt over alt
Over alt i verden ber jeg alltid massivt for klær og salveduker på plattformen. Uganda var ikke noe unntak. Mennesker kom med de sykes klær for å bli salvet og bedt over. Gleden i folket var overveldende. De gode nyhetsrapporter kom hele tiden til oss om hva Gud gjør gjennom salvedukene og de salvede klærne.

Bønn for vann i vann flasker
Vi ba også for masse flasker med vann som de tok med seg hjem. Mennesker ble helbredet og utfridd fra demoner når de fikk vann på seg, som vi hadde bedt over **i Jesu navn.**

Mor kom med 3 døtre, alle døvstumme, Pakistan
Gatene utenfor møteområdet var fylt opp med tusener av mennesker. Inne på møteområdet var det overfylt. Etter et av korstogsmøtene i Faisalabad, Pakistan, var jubelen stor etter alt som hadde skjedd på møtet på kvelden. Jeg ble kjørt raskt av gårde som vanlig, på grunn av mordtrusler. Det var ingen som visste hvor jeg bodde av sikkerhets hensyn.

Jeg bodde hjemme hos en slekt av kristne pakistanere. Litt utover kvelden da vi satt og spiste, banket det på døren. Husverten gikk for å åpne. Utenfor døren sto en kvinne og hennes 3 døtre. Hun sa hun hadde reist langt for å komme til møtet sammen med sine 3 døtre, som så sårt trengte helbredelse. De var døvstumme. Hun ville gjerne «snakke med Jesus», om det var mulig. Verten spurte meg om det var greit, og jeg sa: «La de komme inn». Jeg gikk da ut i hallen og møtte dem der. Men måtte først forklare at jeg ikke var Jesus, men jeg var en representant for Ham. Kvinnen fortalte at hennes 3 døtre var døvstumme. Men mens vi sto og snakket med moren, begynte miraklene å skje. Den ene datteren etter den andre fikk igjen hørsel og stemme. Etter bare 5 minutter var de alle 3 fullstendig helbredet! Jeg hadde ikke bedt en eneste bønn.

Nå ble det nesten ikke mulig å høre sin egen stemme. De bablet og pratet til hverandre, og var ekstatiske i sin begeistring. Alt jeg hadde gjort var å snakke med moren, og veilede etter som helbredelsene ble åpenbart.

Etterpå ga de sine liv til Jesus Kristus alle fire. Gud Jehova er en Gud uten - absolutt uten - grenser.

*Vi må bare sørge for å leve våre liv **dressa for seier**!*

Dressa opp for seier

***Tom Arild Fjeld** har reist over hele verden og forkynt evangeliet siden tidlig voksen alder. De siste årene har han skrevet mange bøker, som kommer ut etter hvert. Aktuelle bøker for den tiden i historien vi lever i.*

Følg med på sosiale medier, kristne TV-stasjoner og aviser hvor han har møter og undervisning. Vær med og støtt tjenesten regelmessig økonomisk eller bli en praktisk partner i den.

Følg sidene www.BrotherTom.org ,
Tro & Visjon på Facebook og
www.twitter.com
Ta kontakt på Facebook eller
www.tomarildfjeld@gmail.com

Misjonsmenigheten Tro & Visjon
Konto nr. 0532.37.94229

Dressa opp for seier

Dressa opp for seier

www.ingramcontent.com/pod-product-compliance
Lightning Source LLC
LaVergne TN
LVHW051233080426
835513LV00016B/1558

* 9 7 8 8 2 9 3 4 1 0 4 0 9 *